实用心理学

让你疯狂快乐的实用工具

Susanna Mittermaier

ACCESS
CONSCIOUSNESS®
PUBLISHING

实用心理学
版权© 2013 Susanna Mittermaier
ISBN: 978-1-939261-27-4

封面图片：Lena Evertsson

由. Access Consciousness 出版公司，有限责任公司出版
www.accessconsciousnesspublishing.com
在美国印刷

目录

序 言

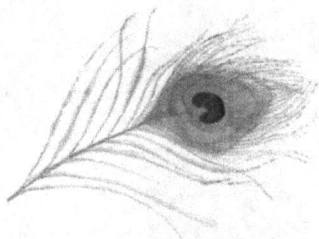

这本书的创作是一个奇妙的旅程，也很有乐趣！我应该说这是一项艰难的工作，花了我很长时间。那我就是在撒谎了。它轻易而又迅速，就像我一样。

我正在向你展示我所知道的，并邀请你去发现你所知道的。如果你比你所认为的更加了解自己，更加了解如何创造你真正想要的生活，那会怎样？如果你称之为错误的，疯狂的，荒唐的事物，正是你走向幸福，成为喜悦存有的工具，会怎样？如果你开始庆祝你的与众不同，会怎样？

鸣 谢

我满怀着巨大的感激！谢谢你，Gary M Douglas，你一直认可我是谁以及我真正的能力所及。感谢你成为并活出了这个星球上更加伟大的存有。感谢Dain Heer博士，不断提醒我我的实相是轻松，喜悦和荣耀。感谢爸爸妈妈。你们是如此的善良！有你们做我的父母是最大的荣幸。感谢你们支持我成为我所是的。

感谢你，Joy Voeth，感谢你的出版服务以及与你一起创造的喜悦和轻松。感谢参与编辑和设计的每一个人。

感谢读者们，你们为自己考虑了更好的可能性。

享受阅读。

享受自己。

Susanna Mittermaier

实用心理学:
让你疯狂快乐的实用工具

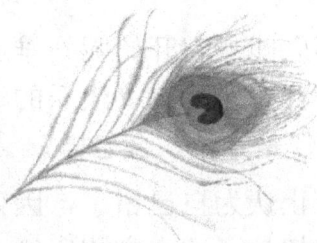

🪶 现在是时候去创造我们一直认为是可能的那个世界了吗?

🪶 如果生活可以比你认为的轻松容易得多,会怎样?

🪶 如果你能放下你的每一个"错误",放下关于你不能实现的一切的所有怀疑,放下你对于自己所有的评判,并觉知到你真正是谁,你真正能做到什么,会怎样?

🪶 现在是时候去克服你因为过去而变得颓废吗?

🪶 如果心理学不仅能解决难题会怎样?如果心理学是关于让你能够成为你所是的一切,让你知道你所知道的,会怎样?如果心理学是关于为你和我们所有人创造一个与众不同的,可持续的未来,会怎样?

🪶 什么实相是以前未曾存在,而现在你能够为你自己和世界创造的呢?

🖎 现在是时候去享受和运用你的疯狂去创造你所渴望的生活了吗？

🖎 现在是时候你该疯狂快乐了吗？

🖎 很有趣，我刚注意到我写了本该在结尾的部分作为本书的开始，也就是大结局，来邀请你到达一些超越了你曾认为是真实的限制的事物，一个不同的世界。我认为，如果你选择了这本书，你就是在请求更美好的事物。

🖎 那么为什么不立即从它开始呢？难道你不是一生都在等待好的部分开始？如果"快乐的结局"现在就可以有，如果它仅仅是开始，会怎样？

🖎 如果你可以停止认为自己错了，因为你渴望更伟大的事物，而它们超越了这个实相所给予的和其他人认为可能的，会怎样？你知道仅仅是做你自己，请求更多，你对于世界就是一个礼物吗？

🖎 大多数人都因为从未满足而被评判。而寻求更多推动了世界的运转。恰恰是它超越了他人创造成真的限制，让新的可能性得以出现。

🖎 你用了你多少的生命去解决难题和问题？你又有多么试图去感觉良好，虽然那是你本就该实现的结果？而你的一生又是感觉多么的糟糕，因为你没有到达那个让你感觉足够好的点？而你每一天又是多么的评判自己，因为没有做对，做的不够，就是不够，因为没有拥有正确的身体，完美的关系，金钱，美好的性爱，成功的事业和生意？在你的生命中，你有多少次被沮丧，焦虑，恐慌发作或者其他不是那么愉悦的经历打击，并且感觉被困住了没有出路？

❧ 这就是大多数人生存的实相。这个世界中，沮丧，焦虑和其他疾病已成为生活的常规部分。在这个实相中，感觉糟糕，有问题被认为是正常的。有多少难题在被你正常化？如果你能克服正常化，并且挖掘你真正的聪明才智，会怎样？

❧ 我是临床心理学家，过去几年中我一直在精神健康领域中工作，遇到了无数的人，有着各种各样的症状和问题。他们都告诉我他们有多么糟糕；他们有各种各样的难题，他们从来没有做对过，也无法适应他们所去的任何地方。他们说他们想改变，但是他们认为改变是不可能的，因为他们尝试了太多技术和治疗，但是没有什么真的管用。有时我遇到一些人，因为做的太过火，他们已经不再说话。另外一些人尝试了各种各样的药物，但都没有达到想要的疗效。

❧ 我的客户的症状如下：沮丧，焦虑，精神分裂症，恐怖症，饮食失调，人格障碍，双相障碍，ADHD（注意力缺陷多动症），ADD（注意力缺乏症），OCD（强迫性神经官能症），孤独症，阿斯伯格综合症及与之相关的疾病，

❧ 我以一种与众不同的方式影响这些人，完全不同于我为了成为一名心理学家所接受的教育中所学到的方法。我从来没有对那些教给我的工具感到喜悦，我一直知道可能会有更好的事物。　　所以我开始寻找一种促进转化的有效方法。我找到的就是Access Consciousness，由Gary M. Douglas创立，Dain Heer博士联合创立。

❧ Access Consciousness提供了工具和技术改变你生活中发生的一切，使你能够跳出认为没有选择只能背负自己错误的陷阱，并且到达一个你知道你有选择的地

方一那里你知晓你所知道的并且可以自由的做真实的
自己。这是一个让你觉得回家了的空间，在那儿创造
你的世界。这种创造改变的方式真的是完全不同的。

现在就让我们开始吧！

第一章

我是如何都搞错了

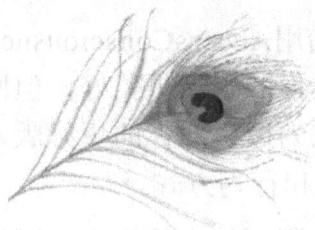

我从自己个人转化的挑战体验中了解。尽管我外在很成功，但5年前我意识到我是多么的不开心。我拥有让这个世界上的人完全开心和满足的一切—教育，一个好男人，金钱，房子，工作，一份繁荣的事业，而且我怀孕了。我环顾四周，看看我的邻居，我对自己说："为什么我不能像这些人一样快乐？我拥有一切。我怎么了？"

不久之后，我的整个世界在我的周围扭曲。我记得我从医生那里回来，收到消息，我肚子里有一个死婴。那是怀孕的很晚期了，我站在我完美房子的客厅中，我完美的生活就在我面前土崩瓦解，而毫不夸张的说，灯亮了起来。之前我有过一次奇怪的经历，看到我的周围有白色的光……我就知道一切都很好。当时我很开心！

知道我失去了我原以为想要的一切，我似乎不应该感到高兴。但很快我就开始创造更好的实相了—我孩子的死去带给我另一种生活，一种我不知道在这个星球上我有可能拥有的生活。

现在我知道对我们所有人来说都存在着不同的可能性！我对这毫不怀疑！我想邀请你去到你所知道的可能性。

***

当我最初开始用AccessConsciousness®时，我认识到心理学的目的是让你的生活更美好，但同时还是要去适应这个现实，让你成为过去的你的更好版本；为了适应，你需要改变你的思维和行为方式。

这种方法不会留下很大的自由，因为它总是基于什么是存在和生活的正确方式，什么是存在和生活的错误方式的评判。它让你停留在必须一直判断如何选择是正确的，才能适应，才能变得"正常"的地方。

然而，我开始怀疑：这就够了吗？那有效吗？我的客户到底了解了什么呢？

我想邀请你去到不同的事物，在那儿我不会告诉你什么是对的，或是错的，或者你应该做什么，不应该做什么。我邀请你去提问，去找出什么对你来说是真实的。

当我踏上这个旅程，我吃惊地发现生命可以比努力适应和变得正常广阔得多。我一直都知道，快乐是一种选择。成年之后，我忘了这种可能性，因为我是如此忙着努力创造"正常"的生活。一切都完美无暇，但过着别人的生活，我慢慢变得越来越沮丧。

你的抑郁，焦虑和其他问题有多少是因为你过着别人的生活，是因为你知道你得到的可以远远更多，但你不允许自己去选择？有多少是因为你被告知你所发现的可能的，是不可能的？或者被告知，通过语言或不通过语言，你疯了，仅仅因为你考虑了与众不同的事物？你有多少次听过这些陈述，让你认为自己错了，阻止了你知道对你来说真实的一切，又创造了痛苦，紧张，抑郁和心理问题，并且把它们锁进你的身体中？

现在是时候改变那个了么？

如果你承认什么对你来说是真实的，可以改变你的一生甚至还有更多，会怎样？

承认我是谁以及我知道什么让我的一生从抑郁模式，转变为有很多乐趣的梦幻超速创造模式。

你准备好克服你所认为的难题和你原以为是真实的一切，并发现哪些可能性和冒险在等着你了吗？

我不得不提醒你：这是疯狂的，这是毫不费力的。这两样事物在这个实相中是不被允许的。你准备好打破规则了吗？

***

你可能对这本书的标题感到疑惑，心理学与创造你的世界又有什么关系呢。而为什么是"世界"这个词—那不会有点大吗？是的，是很大。如果做你自己对于这个世界就是礼物，会怎样？如果跳出你的错误，创造你的生活，不仅会改变你的世界，而且也是让其他人做出选择的邀请，让其他人了解他们所知道的和他们是谁，会怎样呢？

我已经看到我太多的客户身上发生这种情况啦。他们选择更多的成为他们真正是谁，而他们的整个实相就改变了。每次我选择行动，庆祝生活和我的与众不同，我的现实和我周围的人就会改变。

我曾经试着让我的父母开心，我做了所有我能做的，向他们展示生活可以比戏剧和创伤，以及认为他们所做的一切都是错误的，好得多。我越试图让他们高兴，我就越

不高兴。当我开始享受我的快乐时，他们开始问我我做了
什么能够那么开心。他们变得有兴趣更多得了解我使用的
工具。他们甚至开始参加我举办的工作坊，而且告诉我每
一次他们都学到了新东西。现在，他们知道他们每一刻都
有选择，我知道我可以选择去允许他们选择的一切。

这本书是一个让你走出你称为箱子的生活的邀请；让
你放下那些限制你的评判，放下你所谓的难题，这样你才
可以做真实的自己，按照你真正希望的，形成和创造你的
实相。

如果你愿意放下你的"错误"，你的难题的重要性，
认识到什么对你来说是真实的，你的世界将会如何不同？

你可能会说我疯了，因为我有这样的观点。那你是正
确的;我确实如此。如果变得疯狂让我们能够成为我们真正
所是的那个与众不同，如果它让我们认识到，对于我们所
有人和这个世界都存在着不同的可能性，会怎样？如果允
许你疯狂和不同，意味着不再需要那么努力得去适应，去
像其他人一样，试着变得正常，会怎样？你认识到试图变
得正常和去适应耗费了多少能量吗？

如果你认为你有的每一个"错误"事实上都是"力
量"呢？如果你认为你是怪胎，实际上那正是你的与众不
同，会怎样？如果你所谓的精神疾病，仅仅是你拥有的能
力的标签，会怎样？你愿意把那看作是一个可能性吗？你
愿意放弃你原以为你是谁的观点，并开始发现你真正是谁
的冒险吗？你所知道的其实对你来说是可能的吗？

你是否愿意向不同的可能性敞开？

如果你有其他选择，不去做你的故事，你的过去，你
的童年，以及你的问题的受害者呢？如果你有可能选择不
同的事物呢？而且如果它比任何人告诉你的都要容易和迅

速得多，会怎样呢？

这本书会给你信息，工具和通向自由的钥匙，超越你所谓的困难和问题，超越你限制自己的必然性。

当我上高中时，我被认为不像其他孩子一样聪明。那时候用的术语是"不是那么有天赋"。但在大学时，我是最好的学生之一。这对我来说没有道理，所以我问自己，"到底发生了什么？在这儿有什么意识是我没有认识到的？"我的发现是，所谓的"残疾"只不过是我用不同方式来处理信息的标志。我了解到所谓的"错误"实际上是我可以有利利用的一种不同，因为它可以让我在短时间内，完全轻松得处理大量的信息。在我开始提出问题找出哪些是我的真相之前，我让自己受到了童年的影响，认为自己很蠢。通过提问，一个完全不同的世界敞开了。

什么能力被你误认为是残疾？

如果你比你的难题，思想，感受和情绪要大的多，会怎样？

如果你可以有利得利用你所谓的精神疾病，会怎样？欢迎来到你真正所是的女超人和超人。

我的很多客户告诉我，他们希望，在他们年轻的时候就收到这个信息，因为这可能会改变他们的一生。

我不是你的专家或大师。我在这里是邀请你去发现你已经知道的。当你读到这，你要意识到是什么让你感到更加轻松，是什么扩展了你的宇宙。让你感到更加轻松的对你来说才是真实的。

现在是时候发现你所知道的吗？

现在是时候相信你自己了吗？

***

Susanna - 古怪的心理学家

多年来，我一直担任临床心理学家，运用各种不同的方法；例如，长期和短期的心理动力学治疗和认知行为治疗。我运用神经心理学测试确定诊断。

在我做临床心理学家的第一年，我感到工作很沉重，我的身体经常很疲劳。我认为照顾我的病人，让他们变得更好，阻止他们自杀是我的责任。

你现在就想就合上书，去睡觉吗？嗯，这就是我作为一个心理学家的第一年。工作和睡觉。而对于我的很多同事来说，这仍然是他们现在生活的实相。这听起来可能有些夸张，但环顾四周。大多数心理学家，社工，教师，母亲，父亲等等，他们工作一周之后，还有多少能量？人们有多少时间用在了拯救别人和让别人感觉更好呢？

你用了多少时间来让其他人感觉更好？浏览你的人生，认识到你有多少时间是用来帮助他人的。

那时我甚至不知道我的工作耗费了我多少能量。是的，我特意用了"耗费"这个词。我们付出的不仅仅是金钱，我们也付出了时间，能量还有我们自己。仅仅一年之后，我开始考虑不同的职业。我不愿意让我的人生只是限于辛勤工作和睡觉。决不！我用传统的治疗方式所获得的结果没有足够好到让我继续过去的工作方式。我给予我的客户的并不是我认为可能的一切。

这必须要改变！那就是我的需求。即使我为了成为一个心理学家已经学习了很多年，我愿意放下这一切，去寻找不同的职业，如果它所展示的工作和方法没有改变。

在那段时间，我意识到教育会为我带来改变。某种课程或者工作坊会成为新事物的起点。我不知道是哪种课程，或者它什么时候会出现。我只是知道那会发生。那个知道很强烈。

拜托，读这本书的时候不要有任何乐趣。乐趣是不好的。这是不道德的，它让生活变得太容易了。尤其是作为一个心理学家，从事治疗工作，这样的人应该是非常严肃的，否则，他会受到评判，被挂在没有科学依据的人的十字架上。我们必须"专业"，专业意味着排除乐趣。当我的客户们开始允许自己有乐趣时，他们发生了最大的改变。

哦，为了满足我的大脑，在我很大一部分人生中，它都是我最亲爱的资产。我的大脑和我是最好的朋友;我们可以一起去做任何事情，去任何地方，解决任何问题......哦，那就是那些日子。

所以，是的，我是一个"脚上的大脑"。什么是"脚上的大脑"？你知道，当年幼的孩子开始画人的时候，他们把人画成有一个大脑袋，还有一双连接到大脑的小脚。他们那么画，不是因为他们在那个年龄绘画能力有限。事实上，他们聪明得意识到人们选择如何在这个实相中运作。他们知道，这是一个只有大脑的世界。抛开你的身体，带着你的大脑，让我们摇滚。我称那种运作方式是做一个脚上的大脑：在脚上的大脑。（欢迎见识我古怪的幽默感。）

好了，回到我刚才的地方。为了满足我过度活跃的大脑，我不断寻找工作坊和培训。我的大脑要求我做事，因为只是信任和存在，并允许它展现出来对我亲爱的大脑是不够的。我必须要控制。（顺便说一句，你了解自己是一个控制狂是怎么回事吗？）

我辛勤的研究无济于事。然后一个Access Consciousness®工作坊就出现了，在我最没有想到的时间，以我方式最没有想到的方式。我完全不知道那是关于什么的，但我去了，知道它会莫名奇妙得改变我的生活。

工作坊持续了5天，它促使我去参加了其他遍布世界各地的Access Consciousness®工作坊和课程：瑞典，英格兰，哥斯达黎加和澳大利亚。结果是：我觉得我拥有了一个完全不同的人生，不同的实相，以及一个手提箱，其中装满了能为我和世界带来改变的工具。

我的关系改变了。我卖掉了我的房子，搬到了城市中。我改变了我的工作方式，而最重要的是，我有了我的感觉，我认识到我真正的能力所及，而我以前并不认为那是可能的。

现在，我正在运用心理学和治疗，运用我所知道的和我所是的，运用Access Consciousness®的革命性工具，来创造一个与众不同的典范。我把它称为"实用心理学"。

第二章

实用心理学

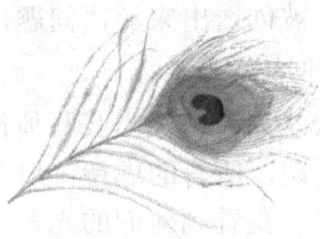

"**实**用心理学"是什么意思呢？

这是我对于这个技术，信息和观点的命名，它让你不再做一个受害者，跳出过去，其他人以及你的限制对你的影响，这些工具让你知道你有选择；运用他们为你敞开创造生活的大门，以你真正想要的方式生活。实用心理学认可你的能力，你是谁以及你知道什么。它清除你的道路上不允许你做自己的一切。实用心理学把AccessConsciousness的工具运用到心理学和治疗当中，创造了对于精神错乱和诊断的不同视角，以及改变的更大可能性。

这不是告诉你应该如何生活的另外一种理论或概念。它不是修复你生活的秘诀。也不是告诉你什么是对，什么是错的程序。它不是让你更加适应这个实相。大多数程序和理论的目标就是实现所有那一切—作为寻找苦难和痛苦解决方案的尝试，它们是解释和让人理解这个世界发生了什么的一种方法。你尝试过多少种那样的程序？它们对于你有效吗？

我研究和使用了很多程序，他们从来没有给我和平及轻松的感觉。它们从来没有给我我的感觉，也不认可我所知道的是可能的，那超越了已经给予我的这个现实。我发现，大多数的程序被创造出来解决问题，这意味着使用这些程序的人相信有问题存在。

客户们也这么认为。每天当我与他们会面时，他们告诉我他们经历的一切，所有的虐待，以及他们如何错了，那让我流下了眼泪。我看到他们的光芒，他们的能力，他们的神奇，以及他们尚未认出的他们的与众不同，那是他们改变世界的能力。

我一直都知道，促成改变的不同方式是可能的。我创造了实用心理学，让人们可以开始认出他们真正是谁，并开始开启觉知的明灯。

实用心理学提供了工具，信息和觉知的扩张，让你能够知道你所知道的，不带评判的接收一切，改变你想要改变的一切。

心理学曾经是知晓的艺术。后来它成为对行为和思维的研究。如果我们能创造心理学让它使你能够知道你所知道的，会怎样？

实用心理学让心理学脱离了这个实相的极性，这里的一切都是关于好与坏，对与错，做正确的事，做正确的决定，要赢不要输。传统意义的心理学是关于尽可能好得适应这个实相。它为理智和疯狂设定了准则。它假定有心理问题是正确的，"正常的"。

大多数时候，心理学甚至不质疑你是否真的有问题。相反，它是关于寻找什么是错的，认为有问题，关于为什么它是错的，并寻找有问题的证据。

另一方面，实用心理学邀请你去质疑，去有选择和可能性，鼓励贡献。它邀请你去到可以脱离你的错误的地方，你知道你有选择的地方，你问那些能为你和你的生活创造更大可能性的问题的地方，你努力创造你真实渴望的地方。通过提问，你超越了答案和结论，到达了关于什么对你是真正可能的觉知。

只有当我们不愿意觉知，不愿意看到那是什么的时候，问题和困难才会被创造。每当我们降低我们的觉知，不愿意有意识的时候，我们创造问题。那有点像试图在黑暗中穿衣服。当你进入光中，你才发现你穿的可能不是你想穿的。

很多时候，人们身上真正所发生的一切对于这个现实来说太奇怪了，这使得大多数人留在常态的范围，给出为什么难题不可改变相关的答案，或者结论就是这人病得太重，无法被治愈。这方面的例子是精神分裂症和自闭症。许多专家真的不知道，或者甚至想知道有这些症状的人身上到底发生了什么，因为真正所发生的超出了这个实相的"常态"。我遇到过精神病患者和精神分裂症患者，当我们在看真正发生了什么的时候，即使它不适用于心理学的任何解释模式，它也改变了他们的生活，他们不再符合标准的诊断。

要知道什么是，是所谓的觉知。就是打开灯看看是什么。当你打开灯，你看到了一切。你不必再踏入你人生地板上的碎玻璃，你可以看到哪里是走在上面很滋养的草地。扩大你关于真正发生的一切的觉知，需要提问，不要得出结论，相信你所知道的。它就像是成为一个侦探。你发现的会远远超出这个实相所认为可能的。

心理学原本应该是一个让你从小我中解脱的工具，但那对于它不是正确的描述。小我是真实的还是一种创造？小我是头脑所创造的一个概念。人们试图从一个发明中解脱。就像其他任何难题一样。所以，人们试图通过运用他们的头脑，从他们的头脑中解脱，恰恰就是运用头脑创造了问题。你在试图摆脱多少甚至并不真实的东西，而你做的一切就是掉进兔子洞越走越远，然后进入自己的发明中？

如果心理学可以是关于让你变得如你真正所是的那样有意识，会怎样？意识是非常实用的。它给你创造你的真实渴望所需要的信息。

"意识包括一切，并且没有评判。"

~Gary M. Douglas

实用心理学是关于提问，发现那是什么，而不是头脑认为在发生的。它是关于发现你是谁，你真正的能力所及，以及对你来说什么是真正可能的。

意识解锁生命的创伤和戏剧。

现在是时候你从戏剧转向实用了吗？

你准备好冒险了吗？

第三章

改变可以轻易而迅速——不仅限于美国人

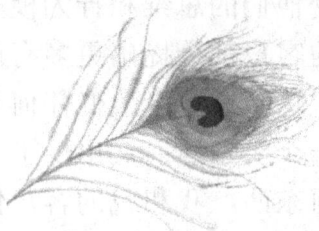

当我们长大，我们了解到改变需要时间和努力。轻易而迅速是不可能的;它应该是一个幻想。欧洲人说，轻易而迅速"太美国了"，这是许多欧洲人都有的一个评判，即美国人做什么都轻易而迅速，就像快餐一样。

大多数人都因为努力而感到自豪，如果是轻易而迅速的，那就是不真实的，没有价值的，只是肤浅的。尤其是作为一个心理学家，你了解所有为人们创造改变的方法，以及如何做到，这肯定是需要时间和努力的。

心理学的基本观点是我们需要为人们把事情变得更好。目标是让人们感觉更好，让他们克服难题，让他们适应，并成为社会中有用的一员。这里对于什么是对的，什么是错的，什么是理智的，什么是疯狂的，有明确的标准。

有标准是在维持现状，也就是保留事物一直以来的样子。就是它让世界一次又一次的在相同的轮回中，而没有创造任何不同。它正在改变事物，但它不是在创造不同的事物。这与生存相关，而与繁荣无关。

相同，相同但又不同 – 开始使用你的GPS

在我的教育中，我才知道，当我与客户打交道时，我应该把问题概念化，找出什么是错的，找到问题的原因，然后帮助客户改变他们的思维和行为模式。每一次当我那么做的时候，我的客户都会提出更多有问题的事物，以及为什么他们错了。这永远不会改变任何事物。这就像一条巨龙，你砍掉了一个头，然后又出现了十个更丑的头。它永远不会改变任何东西。我和我的客户们会感觉越来越糟糕，我们会因为没有任何成果感觉像个失败者。我们被困在这个实相的矩阵中，让所有的疯狂变得真实，并且通过试图了解让他们变得更加真实。它从来没有创造什么不同。它只是维持着同样的问题。

创造不同的事物不是去看你有什么问题，然后深入挖掘这个"错误"，并找到问题的原因。那对你来说有多少次是有效的，多少次真正为你和你的生活创造了更美好的事物？或者你只是感觉更为有错和沉重？

当你在看什么错了，并尝试解决它的时候，它需要你评判自己和这个情况，仿佛这是摆脱它所需要做的。评判会创造更多的评判，你所做的一切就是越来越深入这个评判。人们认为这是创造的方式。不，评判会维持同样的老问题。

例如，在关系中，人们评判他们的伴侣是否做了他们所期望的，以得出结论这段关系是好是坏。"这周他们给我送花了吗？他们把马桶座圈下放下来了吗？"他们评判自己的孩子，他们的行为是否是他们应该做的。人们认为评判是他们让事物变得如他们所愿的方法。但它永远不会有效。它所做的就是创造挫折。

带着有什么问题了的结论和评判，除了与你认为真实的错误相匹配的，不会有更好的事物进入你的觉知。

要邀请与众不同的事物到来，你要问自己：

有什么对于我是正确的，但我没有接收到的？

这个问题会把你带离错误的自动驾驶仪，并开始为你打开接受自己的大门。

很多时候，我遇到的客户在我们的课程上开始认可自己的伟大，然后他们见了医生之后，又对自己感到很糟糕。为什么？因为医生在通过"我们这里有一个有问题的人"的眼睛看着他们，而注意力是在有什么出了问题的假设上。

他们从中获得的是更多的错误，因为他们认为医生是对的。当我让他们接收那其中的礼物时，他们开始意识，医生所说的只是医生的观点，并不是真的。他们发现没有人，没有医生或其他专家，比他们自己更加了解发生了什么。他们学会了信任自己。而那恰恰就打开了通往更美好事物的大门：你脱离了评判，并开始信任你的觉知。

你的觉知是你拥有的最珍贵的事物之一。它告诉你什么会让你的生活更加轻松和美好。它就是GPS—全球可能性系统—你可能还没有开始使用。它是如此简单。开始信任"轻松的就是正确的"，并向着轻松街的方向移动吧。当事情变得沉重和黑暗，你知道你必须改变方向，走向轻松的事物。为你的GPS充好电吧！

这是创造改变和存在于世间的完全不同的模式。所以，给自己一些时间向那个新的存在方式敞开吧。你周围还没有多少人了解这个呢。你周围的人让问题，评判，想法和感受变得真实和有意义。如果它们不是如此会怎样？

你不是你的问题，你的思想或者你的感受。你比这要多得多。你不必理解为什么你有问题，或者它们是什么原因导致的。"什么？"你可能会说。是得。你知道什么是可能的。那是什么？你可以选择不再让他人的观点和评判变得真实，并发现对你来说什么是真实的。要怎样做呢？这就是我要告诉你的。

放下戏剧和创伤的意义允许你比你想象的更加轻易和迅速得实现你真正所是的和你真正想要创造的。大多数人都喜欢戏剧和创伤。它是让他们的生活变得有趣的肥皂剧。大多数人宁愿维持他们的戏剧和创伤比，而不愿自由。

允许自己自由，开始做自己。我听到客户所说的是，"我的一生改变了这么多。我不再受他人，评判以及事物应该如何的影响。在我的世界里，我有了不可思议的和平和喜悦的感觉。我在这个世界上走出去，接收一切，允许一切，好的和坏的，来为我，我的身体和我的生活做出贡献。"

你知道即使因为你感到心烦的人们，也可以为你做出贡献吗？那是怎样呢？如果你放下你所有的壁垒，接收他们想要说的，让它通过你，没有它可能伤害或影响你的看法。那些生气的人发送了大量的能量。如果你不认为那是糟糕的，通过放下屏障，你可以获得激发活力的能量。尝试一下。很有乐趣。如果你有这样的观点，他们不会长时间生气的。

是的，这是崭新的，与众不同的。如果崭新和与众不同没有什么问题，会怎样？

即使你认识的人有那样的观点，如果那对你来说是轻松的，扩张的，你为什么不那么选择，只是因为你认识的人没有人这么做？你愿意成为你生活的领导者吗？可能发生的最糟糕的事情是，你开始快乐，你可能是你们街区里唯一快乐的人。而更糟的是，你是对其他人来到这种可能性的邀请。

反应的传思舞蹈

你的生活有多少是基于你决定自己不能超越的其他人的观点？在这个实相中，我们已经学会了在特定的情况下做出特定的反应。当你失去某人的时候，你的反应应该是伤心。当你的男朋友遇到了他的前女友时，你应该心烦。当你在堵车时，你应该感到有压力或愤怒。我们已经学到了一些机制，并认为根据它们来运转是正常的。它根据被称为这个实相的自动驾驶仪来运转。反应永远不会给你选择。你总是在寻找行动，适应和变得正常的正确方法。

愤怒，悲伤，恐惧，痛苦....那都是真实的吗，或者只是一个发明？你让它变得真实，它才变得真实了，因为其他人也是这样做的。你是否曾经处在极端的情况下？例如，你失去了一个非常亲近的人，在你得到消息的那一刻，你没有反应？然后，你开始思考合适的反应，那个计算发生在一刹那间，你进入他人的宇宙，去弄清楚在那种情况下什么是正确的，什么是正确的反应方式。

几个星期前，我的猫死了。他对我来说非常珍贵，在我身边很多年。他去世时我根本没有反应。我完全平静。没有悲伤，没有感受，没有情绪。几分钟后，我的大脑试图计算整个情形，并试图做正确的事，即悲伤和哭泣。所以我哭了一会儿，然后我问："这个所谓的悲伤是什么？这真的是悲伤还是其他什么东西？因为"其他东西"让我和我的身体放松，我知道我是在正确的轨道上。随即，事情变得轻松了，我又变得平静了，并开始大笑.我知道我误用做悲伤的是对我的猫的喜悦和感激。我怎么这么幸运，可以和他在一起有这么多精彩的瞬间？

我的猫的死亡似乎应该引起悲伤和痛苦。那本应该是"正确"的反应。变得悲伤本可以证明我是多么的在乎我的猫。有人去世时不感到悲伤被评判为冷漠和不在乎，或者是一个压抑的反应，是不健康的，那只不过是说"这错了"的另一种方式。

你有多少次听到过，"你没有任何感受"，这意味着你很冷漠和卑鄙？感受是用来证明连接的事物。通过找出真正发生了什么，当我的猫死了，我一点都不悲伤，而我很感激我的猫，我承认我和我的猫之间有奇妙的连接，再也没有必要用感受证明什么。我完全觉知和接收我的猫给予我的贡献，以及我给予它的贡献。

思想，感受和情绪是人们的发明创造，用来让自己在这个实相中变得"真实"和正确，用来适应，用来证明他们在乎。如果你没有必要再让自己"真实"，适应，或证明什么，只是知道你是这样一个奇妙的礼物，会怎样？

如果你尝试了不同的方法，会怎样？

克服将你的权力给予其他人或其他事物

你了解那些告诉你你有问题，并且你永远不会脱离它的声音吗？每一次你试图让你的问题有逻辑，并试图为他们找到一个理由的时候，你让所有那些声音变得真实。你给他们力量，而不是自己来主导它。你让那些声音比你更强大和更有价值。他们只是声音，思想和感受—他们怎么会比你有丝毫更加伟大？让那一切比你伟大，使你维持了你的现状，并不允许任何改变。你放弃了你改变正在发生的一切的所有能力和潜力。你让自己被你创造成真的一切所影响。

你头脑中那些告诉你你不够好，你是糟糕的，丑陋的，你不知道做什么，去哪里，或者如何解决你的难题的想法，都是你头脑的发明。只有你让它们成真的时候，他们才是真实的。你怎样才能清除它们呢？这就到了变得实际的部分了！

为了摆脱所有那些告诉你你有多么可怕和错误的声音，每一次像那样的想法在你耳朵里低语的时候，你可以说这个句子大约十次。

就说：

从哪里来就回到哪里去，再也不要回到我和这个实相中。

你用那句话送走了所有那些让你感觉糟糕，虚弱，可怜，告诉你你没有选择的那些声音。它让你掌管自己的生活，并且要求限制你的一切离开。

我知道这听起来很奇怪，但它完全有效。（顺便说一句，你知道"怪异"的意思是什么吗？它的意思是"灵性的，命运的和天命的。"现在，成为怪异的是不是听起来很有趣？）

那些认为自己有问题的人们把自己放在生命中的乘客位置上。要求改变让你采取行动去创造你自己真正想要的。我上面分享的句子目的是送走告诉你你是一个受害者，你没有选择，你的位置在乘客位置，你无法掌控你的生活的一切。

试试吧，你有什么可以失去呢？现在就做！用这句话，并对在你耳朵里低语你很弱，你没有机会，

你将永远无法得到你真正想要的，这句话也无济于事的一切这么说。

如果你比你曾经认为的要远远伟大的多，会怎样？那会让你更轻松吗？轻松的对你来说就是真实的！

你让谁或者什么变得比你自己更强大？

我曾治疗过一名患有注意力不足过动症和强迫症的年轻男子，当我们第一次见面时他在接受药物治疗。他说，他的医生说，他需要药物来运转，否则他的"疾病"将接管并运行他的生命。我听他说完，问他这是否也是他的观点。我问他他知道什么。一周后，他笑着回来，眼睛闪亮，说他已经"抛弃"了他的药片。

"那些小东西怎么会比我更厉害？"他说。"我是相信了医生的什么鬼话，说我需要他们。"从那以后，他再也没有吃药，也不再有注意力不足过动症和强迫症的问题了。他愿意接受不同的观点，以及可以有利利用他的注意力不足过动症和强迫症的工具。

这不是告诉你你应该扔掉你所有的药物。这是一个让你问问题的邀请。

你知道什么？

你的身体知道什么？

"身体—你真的需要那些药片吗？"

很多人从来不问自己的身体他们真正需要什么。他们认为，医生知道比他们自己更加了解，所以他们吃药。医生基于药物如何起作用来开药，并没有多少是基于你的身体如何运作。你的身体知道它需要什么。它是它自己的专家。您可以用肌肉测试来找出你的身体需要什么。

以下是如何做肌肉测试：双脚并拢站直，把药片放在太阳神经丛前面，问你的身体现在是否需要药片。如果身体向药片倾斜，那答案就是肯定的。如果它从药片那移开，是指向后移，那答案就是否定的。如果它向侧面移动，你需要问更加具体的问题。"身体你现在需要半个药片吗？你现在需要一个药片吗？你一会儿需要它吗？你需要睡觉时把药片放在旁边吗？"一直问，直到觉知到你的身体需要什么。你问的越多，你对觉知的接收就越好。用它玩吧！你可以对食物和饮料做同样的事。

相信你所知道的

你所缺乏的并不是自信，你缺乏的是信任你所知道的。你是唯一知道对你来说什么是真实的人。一旦你开始承认并信任这个，你就不会再有难题。

只需要这么多。从今天开始。选择让你和你的身体放松的，让你感到轻松的，你认为是正确的并且扩展你的世界的，给自己足够多的荣耀，即使周围的人不同意，也做出那个决定。你在等什么？你让其他人的观点变得比你所知道的更为珍贵的时间还不够长吗？现在你可以选择什么，立即就能扩展你的实相？散步，美味的大餐，打电话给心爱的人，与狗玩耍，与猫咪相互依偎，放下你的错误，不管怎样坚信你的生活会发生改变？

你的实相中有什么让你有了你的感觉？写下一个列表，每天至少做其中的一些。如果你在你的生活中享有绝对的优先权，会怎样？

有许多人说，他们希望过上更好的生活，他们希望克服自己的难题，然而，很多人在撒谎。他们没有兴趣改变任何事物。事实上，他们享受他们的痛苦。我花了一段时间才意识到这一点。我有这样的错觉，一旦有人告诉我他们渴望改变，他们就是认真的。哦，孩子，是我错了。我经历了一番艰辛才学到，我不得不每次课程前问一个问题。"真相，这个人真的渴望改变吗？"

"真相，他们感兴趣吗，他们会接收到不同的可能性吗？"在每个问题之前，我都会说"真相"，这让我知道这个人是否在说谎。

放弃你的"疯狂"需要很大的勇气，人们用它来定义和限制自己。很多人宁愿保持自己的"疯狂"，因为它让他们感到与这个实相相连接。变得"疯狂"让你处在正常的范围内。放下那个，让你能够完全超出这个范围，成为你真正所是的不正常的人或者"怪人"—在现状的限制之外。

难题：只是一个选择

提问我的客户是否真的想要更美好的生活，让我看到很多人享受他们的难题和他们的"疯狂"。这对他们有用。这是他们所认为的他们是谁，以及他们如何使他们的生活运转。他们借着自己的抑郁和焦虑来运转。一旦我对于它没有任何评判，不强迫我的客户发生变化，我的工作变得轻松了许多，我的客户也可以选择改变与否。

我的许多客户开始意识到一个事实，即他们并不渴望克服他们的抑郁症。他们允许自己接收到觉知，并学着不去评判自己的选择。这创造了另外一种可能性;那种下了一颗当他们选择时，就可以成长为更美好的现实的种子。觉知到自己选择不去改变和去郁闷是一个如此伟大的礼物。那没有什么不好的。它只是一个选择。问你自己：

真相，我真的渴望克服我的难题吗？

通过问那个问题，你开始觉知到什么？让我们运用那个觉知，提出更多的问题。

如果您开始觉知到直到现在为止，你都没有真正渴望改变你的难题，问：

抓着我的难题不放有什么价值？

是为了确保你有人支持吗？确保你有事情做吗？确保你不会超过你决定你可以成为的？限制你的觉知，以至于你不会接收你所知道的和你真正能力所及的？所以你不会觉得太与众不同？所以你的人生活不会变得太容易？为了确保你不是太有潜力？

它对于你来说是什么？所有让你微笑或大笑，让你的身体放松，或者点亮你的世界的，都是让你知道什么对你来说是真实的提示。

一旦你认识到维持你的难题有一些价值，你可以没有观点，没有评判的看着它们。如果找出维持你的问题对于你来说有价值根本就没有错，会怎样！也许你可以开始嘲笑那个事实，你把那一切都变得比做你自己更加重要。

我们不可笑吗？我们让那些垃圾变得比我们真正所是的都要更加真实。我们的物种不是最聪明的，但我们认为我们是如此聪明。

要求改变

当人们问想要个人变化，通常他们是出于一个负面的观点要求改变。有些事物是"坏的"，他们想要"好的"事物。于是，他们从一个极端，坏的，走向另一个极端，好的。他们都有电荷。一个有负电荷，而另一个具有正电荷。大多数人不明白的是，他们像从一极走到另一极，像钟摆一样来来回回，从开心变得伤心，来回变化，然而没有创造任何不同。

不去要求改变，相反，去要求在你生活中无效的一切消散，这样一些不同的事物就可以出现。当人们感觉不好的时候，他们通常要求一些积极的事物。这只会让你自己维持在极性中，这从来不会创造不同的事物。你可能会在一段时间内维持正面的模式，感觉很好，并且总是"害怕"你可能会再次陷入负面，好像你对此没有控制权。当你感觉不错时，你是否曾经有过这种不断唠叨的声音，告诉你这不会长久？这正是当你处于好与坏的极性内，会发生的。这就像打网球，来来回回。如果你是这个自由的空间，完全不同的东西可以进入你的世界，会怎样？是的，这是可能的。继续阅读吧。

问题的魔法。现在你想改变吗？

这里有一些问题，你可以每天使用去创造更伟大的生活："还有什么可能为我形成和创造一个完全不同的实相呢？怎样才可以比这样更好呢？"每次在你寻找更好的事物的时候，你可以问这些问题。当你刚刚在人行道上捡到10 美元时，你可以问，"怎样可以比这样更好呢？"当你与你的朋友打架了，你可以问，"怎样可以比这样更好呢？"每次你问的时候，你都继续创造更多，而不是放弃。

通过问题，你打开了整个宇宙对你做贡献的大门，更大的超越，比你想象的更加伟大，也超越你能想象的。问题是将你带出无效的一切的神奇魔力，无效的是所有那些结论和对实际有效的一切的结评判。每有一个结论，你都决定了存在一个问题—当你持续走同样的路，什么都不会改变。

例如，如果你说你有金钱问题，你没有任何钱，你就创造了一个结论，一个告诉你你有金钱问题的答案。它就像是带着眼罩在这个世界行走，你看到的一切就是沿着所谓的"问题大街"。

我有一个朋友，她告诉我她有金钱问题，她几乎付不起房租了。她很担心。没有任何钱这个答案，她已经带着生活了很长一段时间了。我问她，"现在对你来说，还有什么是可能的，你可以成为什么或用不同方式做什么来改变这个呢？"她说，"很有趣，当你提问的时候，这让我感到轻松，我知道有一些东西，即使我不能用语言形容那是什么。"

第二天，她告诉我，她继续问这个问题，突然想起有一个很老的保险索赔，她还没有拿到那笔钱。

她打电话给那家公司，发现到了她该收到钱的时候了，那是一大笔钱。

当你被结论和有什么不对劲的评判困住的时候，提问让你知道你所不知道的，

当你决定某事或某人是完美的，那也是一个困住你的评判和答案。那是一个阻止你进入更多的答案。人们说，"这是完美的男人，这是完美的工作......"当你有那种观点，当那个人不是那么完美，和他们在一起事实上会让你的生活变得更渺小时，你就不会收到这个信息。它把你带出觉知，使你成为你不愿意知道的一切的受害者。

人们想知道为什么和这个人在一起突然感觉不那么好了，而那曾经是那么的完美。每一天询问"今天与这个人，这份工作有什么可能，可以扩展我的生活？"会给你，创造你真正想要的一切所需要的信息。

问问题！克服精神疾病，发现什么是真实的

所有你需要做的就是请求和接收。只要你不再把你的问题，思想和感受变得有意义和重要，而是开始提问，你就可以接收到什么是真正可能的。

所以我问你：悲伤，抑郁和焦虑是真实的吗，或者他们是人类的发明创造？仅仅因为你感受到他们并不能让他们变得真实。你不是你的感受。感受就像是天气。一棵树

会将自己与雨水混淆吗？不，它知道那只是雨水，一些会改变也会过去的事物。

你愿意放下你感受到的一切都一定自然是真实的的想法吗？说："我心情不好或抑郁"是用不良情绪和抑郁锁定你的声明。不符合这种说法的一切都不能进入你的世界。这就像一堵墙，挡住了可能将整个情形轻易转化成不同事物的可能性。你已经决定了你很伤心。那个答案让你感觉更轻松了吗？如果你问这样的问题，会怎样：

它是什么？

我用它做什么？

我可以改变它吗？

我该如何改变它呢？

在决定你抑郁的时候，你相信了谎言。谎言就是谎言，是不能改变的。上面的问题可以改变你的一生。你愿意吗？

问那些问题为你敞开了大门，让你觉知道你所觉知的，而不是相信有什么错了的答案。当你问那些问题时，你不是在寻找一个答案。它就像那个有钱妇人的例子，她提问了，然后意识到有不同的可能性，即使她不能用语言形容那是什么。后来她得到了那是什么的信息。所以提问吧，觉察让你感到轻松的可能性，当它出现的时候，当时机到了的时候，允许它出现。

任何时候当你"感受"到伤心，沮丧，或者其他"沉重"的东西时，你是否愿意有不同的观点，并开始提问？你愿意放弃你所有关于自己是如何错了，如何糟糕和伤心的结论和答案，问自己什么是你觉知到的但从来没承认过的？

你有多少的悲伤，抑郁和恐惧掩饰了你真正的潜力？

在你相信的关于你的谎言下，隐藏了你多少改变的能力和潜力？当你读到这的时候，你的宇宙被点亮了吗？你可能想看看这个，问问自己，那对于你是否是真实的。

我有一个朋友，患有偏头痛十多年。他用了各种人类已知的方法来改变偏头痛，但都没有什么用。他跟我说他的偏头痛说了很多次，有一天，他问了一个关于它的问题。在此之前，他只是告诉我他的故事，有这样严重的头痛是多么可怕。

问问题的那天，他第一次开始意识到他的宇宙中变化的可能性。他要求不同的事物，他开始问的问题是敲门砖。他问，"我称之为偏头痛的是什么？我可以改变它吗？"

我问他，"真相，你真的渴望改变呢？"他看着我说，"当然愿意，它是如此痛苦，我几乎想自杀了，因为我无法再忍受这个痛苦了。我尝试了一切，但没有用。"我说，"是的，这是符合逻辑的答案。不去说你是怎么想的，而是告诉我，你知道的是什么？真相，你真的渴望克服你的偏头痛吗？"他看着我，说："不"，然后开始微笑，他的身体放松了。

他对这个觉知感到如此惊讶，他知道这是真的，因为它在它的世界和身体里创造了轻松和舒适。于是我问他，"什么是偏头痛？你所谓的偏头痛，真的是偏头痛，还是其他什么东西？"另外一些东西让他感觉更加轻松。于是我问，"那是什么？"他开始笑，然后我问："你所谓的偏头痛实际上是高潮吗？你是否误用了，并且把痛苦误认为是性高潮，把性高潮误认为是痛苦？"他睁大眼睛看着我，并且开始笑啊，笑啊，笑啊。我能感觉到他的整个世界改变了。他觉知到什么是真实的。觉知让你感到更轻松。

答案是不是在认知水平上，也不是个解释或者分析。那是对真正发生的，以及对他来说真实的一切的认可。它让他不再是受害者，并且有力量知道他所知道的。它基于什么在他的世界和身体中创造了更多的轻松。

他开始意识到他压抑了多少喜悦，把疼痛和苦难锁进了他的身体中。他记起来，偏头痛开始的时候，他的家人在等待了很长一段时间后，得到了在瑞典的居留许可证。他觉知到，他努力变得像瑞典人，去适应，控制自己不要太好了，他又是切掉和压抑了多少他真正所是的，所以他不再是那个他真正所是的喜悦的和兴奋的存有。

在抑郁，悲伤，愤怒，恐惧，痛苦或任何你说你无法改变的一切，比如金钱问题，关系问题和身体问题之下，你隐藏了多少你的，存在的，以及生活的恐惧。如果你能发现所有你相信的关于你的谎言之下的可能性，并且为你和创造你的实相运用你的能力，会怎样？

如果它比你所能想象的，容易和迅速得多，会怎样？

它来了。你也来了。

第四章

THE ACCESS CONSCIOUSNESS®除障句

- 成为哈利·波特

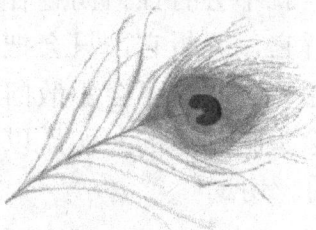

准备好更多的不可思议了吗？你的魔法棒来啦。我告诉过你，变化可以轻易而迅速。它被称为Access Consciousness除障句：

"Right and wrong, good and bad, pod and poc, all nine, shorts boys and beyonds。"

除障句的目的是回到你创造限制的那个点，那些限制阻止了你前进。它可以让你清除，摧毁并不再创造限制，因此你才会有新的可能性。它打破了每天你都会去撞脑袋的墙，就好像那曾是你唯一的选择;你所创造的阻止你成为你自己的墙。它改变了过去，所以你可以有更美好的未来。

当我第一次听到除障句时，作为一个心理学家我的头脑疯狂地抗议。我花了六年时间努力研究以理解人类的行为，现在我得到了这个除障句，告诉我我可以这么轻易得改变事物？我很愤怒。然而我知道，每次使用除障句，它都为我改变了一些事物。因此在抗议了一段时间后，我让我的头脑闪开，就只是使用它。我能有什么损失呢？我的头脑？是的!而显现的自由是令人难以置信的。

想要更多得了解这个非凡的工具，请访问www.theclearingstatement.com。最好的是你真的不需要去理解它或者知道这些词的意思。你可以只是用它，它就会有效。

除障句可以处理超越逻辑头脑理解的一切。如果一切都是合乎逻辑的，就不会有任何问题存在了。我发现，谈论问题，试图了解它，分析它，只会把你带到头脑可以去的地方，但无法超越它。这不会驱散问题。除障句让你走得更远，并且清除头脑创造的一切，以及其他超越思想和感受的能量层面的一切。

如何使用除障句

对于你想改变的生活领域，提出一个问题。例如，对于抑郁，你可以问：抑郁的价值是什么？这可能会带来可能有什么价值的一些想法，同时也带来了一种能量：抑郁对你来说有什么价值的能量。如果它没有价值的话，你就不会抑郁。

请注意这是不符合逻辑的。如果它符合逻辑的话，你就会已经发现了解决方案，你也不会有任何难题。

提问让你可以进入超越了你的逻辑观点，保持了那些限制的一切。除障句作用于你的逻辑观点，以及不符合逻辑的一切，从而驱散问题。

我曾经治疗过一位女士，她意识到她维持抑郁的价值是可以留住她的丈夫。抑郁就像她婚姻的胶水一样。她的观点是，只要我抑郁，我是一个受害者，他就不得不照顾我。一旦我治好了，他就不会再喜欢我了，他就会离开。因为我很抑郁，他就不能离开我，因为他会感到内疚。在她提问之前，她没有意识到这一点。她认为她想克服她的抑郁，并且因为自己从未克服它而评判自己。她意识到，她的抑郁有很大的价值。

这是大多数人用精神病来创造自己的生活的一个例子。那些甚至人们自己都不知道自己拥有的观点在运行着他们的生命。

你有什么观点正在运行着你的生命，让你持续处在限制中？那一切，你的宇宙中到来的一切，所有的一切—你可以用语言形容的，你不能用语言形容的以能量形式到来的一切，你是否愿意放下，摧毁，并不再创造它？如果你愿意让限制消失，你所需要做的就是说"yes"。现在我们用除障句驱散，摧毁并不再创造限制。

Right and wrong, good and bad, pod and poc, all nine, shorts, boys and beyonds.

除障句提醒你你所是的潜力，并且你具备所需要的一切来改变你生活中想要改变的一切。那么要怎样做呢？通过选择。说是，通过选择摧毁并不再创造它，打开通往更伟大可能性的大门。

让我们一起做吧。

创造你成为小于你真正所是的有什么价值？

那所有的一切，你是否愿意完全摧毁并不再创造？

是的？谢谢。

Right and wrong, good and bad, pod and poc, all nine, shorts, boys and beyonds

如果你创造了问题和限制，你有多大程度上把自己创造成为小于你真正所是的？你要切割掉多少的你来把自己创造得像你所假装得那样有限？有一点，很多还是比很多还要更多？运行上面的除障句，可以让你进入你生命中所有你正在那样做的地方。你不必检查你生命中的每一个限制，分别清理它们。除障句就像一个大吸尘器，以让你拥有一个洁净空间的方式，吸取一切。即你所是的空间。这个空间让你可以选择你的实相。

解释除障句的另外一种方法是纸牌屋。如果你有一个难题，你就像建造纸牌屋一样建造它。你从某一点开始来创造问题，然后在上面添加另一层来建造它，然后再来一层，再来一层。你可以通过看上面的卡片开始检查你的问题，然后奋力向前，直到你到达底部，找出问题的原因。检查问题的原因需要做大量的工作，除了会更加深入问题，那不会通往任何地方。也不会改变它。

我喜欢迅速而又高效。作为一个心理学家，你不应该有那种观点。我的工作应该是处理我客户的问题。工作从来就不是我最好的天赋和能力。我喜欢玩，我喜欢自如得改变事物，并创造不同的可能性。除障句才更是我的风格：迅速，容易，无副作用。

唯一需要的就是做出一个选择。选择放下你创造的限制。怎样才会比那样更好呢？它提醒你，事实上，你就是那个可以改变它的人，你有那么做所需要的一切，而现在你就可以改变它。再来一次：

创造你成为小于你真正所是的有什么价值？

那所有的一切，你是否愿意完全摧毁并不再创造？

是的？谢谢。

Right and wrong, good and bad, pod and poc, all nine, shorts, boys and beyonds

持续运行那个程序，敞开成为更多的你的大门。

　　除障句清除你用来分离你和你真正的可能的一切。它让你跳出你的头脑，进入问题。那些打开新的可能性的问题。你的头脑给你的答案让你一次又一次得困在一如从前的仓鼠轮子中。正是所有那些关于你应该做什么，不应该做什么，什么是对，什么是错的思想，感受，情绪，算计，评判和结论，维持了限制。它让你持续保持在思考，行动和计算的状态中。所有那一切都有电荷，从而让你维持在极性中。

　　超越极性可以让你到达一个你可以选择你想创造怎样的生活的空间，而生活每一刻都可以变得不同。使用除障句可以让你进入那一切，因为它驱散了你生命中的每一个领域的正负电荷。

　　还有什么可能呢？能够让你的生命前进的问题，选择，可能性和贡献。当你问那些问题时，它们敞开了通向伟大的大门，你会超越你所能想象的，整个宇宙都会为你做出贡献。

　　当我觉知到一个限制并选择放手时，我使用除障句，我也会在我的客户身上使用。

第五章

用思想，感受
和情绪来成为正常的

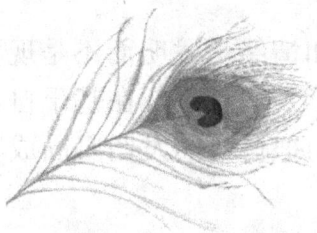

人们定义自己的方式是通过他们认为他们是谁，这意味着他们通过思考和感觉受定义他们和他们的世界。思考，感受和表达情感在这个实相具有极大的价值，尤其在心理学中。观点是，要改变任何事物，人们必须理解正在发生什么（这是思考），人们必须感受和表达情感。

"理解"的意思是站在下方—那正是你试图了解某物或某人时所做的。你让自己站在某事物或某人之下，来试图明白为什么某事物或某人是那样的。这样，你让自己变得更小，你切断你的觉知，你的了解，把正在发生的一切放在思维的小盒子里，来让自己理解。

问题是，理解的价值是什么？它能解决什么吗？它真的能改变什么吗？或者你只是锻炼你的大脑，直到你认为你得到了某种结论？你知道当你想了解某事物，你思考，又思考，它只是变得越来越沉重时，那是怎么回事吗。它不会改变，或让发生的一切变得清晰。结果就是沮丧。思考是改变事物的尝试，然而它所做的一切是让你更深得进入兔子洞，来找到令人满意的结论，但事实并非如此。

为什么事物和人们是那样子的，为什么他们以那种方式行动，有几百万个理由。你可以把所有的时间都花在思考，想出理由和原因上，然而你想出的越多，被创造出的就更多。

思想，感受和情绪是发明而不是现实，除非你让他们变得真实。然而，人们每天都在基于自己的思想，感受和情绪而受苦。他们把自己的发明凝固成存在，寻找故事支持它们。

每次你告诉自己你难过的时候，你已经决定了你难过，然后你想出各种你难过的理由。当涉及到那一点时，人们都很有创造力。"啊，我的邻居刚刚看着我，好像我很好笑，我肯定他不喜欢我，顺便说一句，我的狗看着我也很好笑。我知道为什么没有人喜欢我，我是一个这么坏的人……"

思考，感受和表达情感，有性关系和没有性关系是你如何让自己适应这个现实。思考是用来得出结论，找出什么是正确的选择。那让你处在持续的评判，做决定，推断和计算中。它把你当做一个计算机，用来在这个实相中进行导航，从而做对一切事情，不犯任何错误，获胜以及确保不会输。

感受是你如何把你觉知到的一切，你察觉到的一切，变成一定是与你有关的。你进行觉知，相信那是你的，断定它与你有关，它很重要。

情绪是用来证明你是一个真正的人类。很多时候情绪是你在乎的证明，而不是承认你已经在乎，就没有必要证明你的在乎。

有性关系和没有性关系是在这个实相中人们允许自己接收的唯一方法。他们说，"我愿意和这个人发生性关系，"这意味着，他们愿意从这个人这里接收。"这个人是个失败者，我永远不愿意与这个人发生性关系"，意味着他们正在切断对那个人的接收，以及所有其他与那个人相似的人。

什么超越了思考，感受，表达情感，以及有无性关系？

存在，知晓，觉察和接受。

以及那个空间，在那里，你开始成为你，知晓一切，不会紧抓，不带观点得觉察一切，接收一切。

欢迎来到一个完全不同的世界。欢迎你。

在这里，你拥有完全的自由，不再受这个世界的极性影响。思考，感受，表达感情，有无性生活需要你变得有限，缩小到适应这个实相，创造正常的一切，好的一切，坏的，真实的一切。存在，知晓，觉察时，你是那个你真正所是的无限的，扩张的存在。这就是成为一切都有可能的空间。

这听起来那么乌托邦，你知道吗？我发现这是可能的，而且成为空间要比人们想象的容易得多。存在，知晓，觉察和接收使得这个实相中的运转变得更加容易，而且你会开始超越这个实相。现在大门为你敞开了，你会通过它，进入成为你的自由吗？

当我邀请人们来到这个存在，知晓，觉察和接收的不同可能性时，很多次他们告诉我，这是不可能的，人们必须通过思考和感受来运转，而且要维持生活，做就像工作那样每天都需要做的事情，必须要思考和感受。

当我在澳大利亚上Access Consciousness®的7天集训课时，它为我敞开了成为我真正所是的空间的大门。在我的头脑中没有思想，感受或情绪，只有轻松和喜悦。我去机场离开澳大利亚，我收到了一份我应该填写自己各种信息的表格。我记得我的名字，伟大的名字，然后他们问我一些我能在护照上找到的其他信息，然后他们问我日期。我通常不知道日期，所以我看了看我的iPhone。然后，他们问了年份。好吧，我再次查看了我的iPhone，才发现这是没有地方说明那是哪一年。所以，我站在那里，开始因为不知道那是哪一年的乐趣而大笑，意识到那并不重要。

当我做心理测试的时候，神经心理学调查的问题之一是询问客户那是哪一年，来更多得了解患者的认知能力。而在这里，我在机场，完全没有通过测试，却依然很享受它。于是我问："还有什么可能吗？"我知道我可以问别人，"不好意思，今年是哪一年？"我可能会得到同情的目光。于是我又问，"还有什么其他可能呢？"，然后还有一个问题，"宇宙，请在这里帮助我摆脱困难，我在这里有一个不那么光彩的时刻，我们是在哪一年？人们怎么称呼今年？"随即数字2010来到我的觉知中。有趣的是，我的头脑里无法辨别那个数字是对还是错，但我毫不怀疑的知道，这是正确的。也确实如此。那个时候我才发现思考和知晓之间的差异。而且，我可以只询问我想要的信息，我就知道了。

知晓要比花费时间的思考更加迅速和轻松。思考是基于判断，以及正确或者错误的极性。知晓是不带观点得接收信息。

这就是我如何预订机票，预订酒店，以及处理其他所有属于这个实相的一部分的事物。我问："呆在哪一家酒店会有乐趣和轻松？哪一家酒店让我的生活更容易呢？"然后，不必查清楚或者比较酒店，我就知道了。

前段时间我在哥斯达黎加预订了一家酒店，当我到了那里，一些当地人问我怎么选择了这家酒店。我好奇为什么他们这么问我。他们说，因为它是整个海滩上最好的酒店，而且几乎没有人知道它。价格很好，而且它有着最美丽的海滨。他们问我怎么可能会找到它。很简单：通过询问和信任我所知晓的。

我本来可以在互联网上，看着酒店，比较他们，辛苦的寻找我觉得不错的。我所做的就是，问问题，跟随我知道的。知晓是感觉到什么是轻松的，并且可以扩展你的宇宙。思考需要时间，有更多电荷，如果你思考很多，它会让你头疼。

存在，知晓，觉察和接收对于我们所有人来说都是可能的，当我们放下思考，感受和表达情感的必要性时。

看这个的实用方法是问问题：思考，感觉和表达情感是真的吗？它会把你带到你想去的地方吗？它会给你你想要的自由吗？换句话说，它对你真的有效吗？你是否有另一种选择，思考，感受和表达情感是一种选择，而不是生活在这个实相所必需的？

当我看电影《阿凡达》时，我哭了。我喜欢出现的感受和情绪，觉知，以及喜悦得知晓有更伟大的可能性。它都包括在内。没有任何评判。感受是一种选择，我享受他们。我不认为感受是必需的。他们是一种发明。大多数人认为他们是真的，没有很多人问关于他们的问题。他们只是假设感受，尤其是感受不好，是存在于这个星球上的交易的一部分，那是自然的。

如果不是那样子，会怎样？你曾经问过自己，还有什么可能吗？你不知何故一直都知道，成为你和存在于这个星球上可以更加轻易和快乐吗？是的，可以。怎样做呢？很简单：选择它。允许自己成为你真正所是的与众不同，有争议的，偏离正常的。你会有什么损失呢？你能做的就是改变世界。你的世界。

如何进入存在，知晓，觉察和接收中

这里有为你准备的工具：

这属于谁？

轻松的就是正确的，沉重的是谎言。

你大多数的思想，感受和情绪都不是你的。这是否让你感到更加轻松？问问你的身体。你是否更加放松一点点？大多数你所想的和感受的都不是你的。每天你试着处理的大多数问题都不是你的。你只是觉知到观点，思想，感受和情绪，一直都在这个世界上持续。当你遇到一个伤心大人，他们没有告诉你，你也知道他们是伤心的。你觉察到他们的悲伤。大多数人接收到悲伤时，会断定那是他们的，他们说，"我很伤心。"只是因为你意识到它，觉察到它，那并不意味着它是你的。

那个信息有什么可能呢？当你的世界里有任何一种沉重，一种感受，一种情绪或思想，停下来问："这属于谁？"当沉重，思想或感受离开，你会看到他们不是你的，你仅仅是察觉到他们。如果它们没有离开，你可以问问自己，"真相，我相信这是我的了吗？"如果你得到了一个"是"，你就会知道，你在紧抓着它。现在，您可以选择继续抓着它，还是放手。怎么做呢？只是放手。

相信思想，感受和情绪是你的有什么价值？很多人断定，仅仅是因为他们觉知到它们，他们就必须做些什么。

很多时候，没有什么事情要做。只是接收到觉知，允许自己享受它，不管它是什么。问："我可以改变它吗？"

John Lennon是正确的。如果你不能改变它，就顺其自然。

很多人试图通过承担其他人的思想，感受，痛苦和受苦，来照顾别人。他们把那一切带进他们的身体中，来试图疗愈另外一个人。有时一段时间内那是有效的。另外一个人可能会感觉好些，但如果他们对放下自己的难题不感兴趣，他们很快就会创造一个新的难题。然后你们俩都在受苦。

我有一些客户，孩子们为父母的痛苦负责，而父母不愿意放下他们的痛苦。所以孩子在感受父母的痛苦，感觉自己是个失败者，因为没有成功疗愈他或她的父母。我也遇到过有些家庭，孩子承担着父母的痛苦，而父母也承担着孩子的痛苦，全家人都感觉不好，也不知道是什么原因。当我们进入他们相关的觉知后，他们改变了发生的一切，他们的整个家庭也改变了。

你怎么知道它是否是你的？

让你感觉轻松的是对的，沉重的谎言。这是一把通往自由的伟大钥匙，你一直都知道自由是可能的，却从来不知道如何进入它。我们了解到，人们在这个实相的运作方式是，如果那是沉重的和坚固的，那一定是正确的。"那一定是正确的"是一个结论。沉重的，坚固的和浓密的一切，比如如苦难和痛苦，"一定是"真实的。果真如此吗？你了解什么呢？

轻松的，让你的身体放松，让你的心灵歌唱，并扩展你的生活的一切，事实上对你来说才是真实的。其他一切都是发明，谎言以及其他人创造为真实的事物。

你希望你的生活是怎样的？获取那样的能量。它是沉重的，浓密的还是轻松的，容易的？最有可能的是，如果你想快乐和轻松，它就是轻松的。要创造这样的生活，只是选择与那个能量相匹配的一切。选择轻松的一起。如果有两个人想要跟你约会，或者你要选择吃什么食物，追求什么职业，选择与你最希望你的生活可以与之相像的能量相匹配的。你可以把它用于任何选择，比如看电影，朋友，食物，居住环境，等等。选择与你实相的能量相匹配的一切，你做出的每一个选择都有益于你创造的一切。从这里你开始创造你的生活，而不是简单地在这个实相生存。

有觉知和有意识时，你接收一切和没有评判。接收一切意味着对你周围的信息不再竖起任何屏障。那时候你让信息通过你，成为你所觉知到的一切可能的提问。每一个觉知都是更伟大的可能性的起点。

大多数人认为，如果他们完全觉知一切，那太多了;他们将被淹没，他们将不得不保护自己免受太多信息。让我问你：这是真的，或者通过竖立屏障来保护自己会耗费大量的能量？真的存在你要保护自己免受的事物吗？

人们说，有好的能量和坏的能量。不，只有能量。当你评判你觉知到的，把那个能量评判为坏的，你就决定了那会伤害你。你猜怎么着，你的观点创造你的实相;而实相不会创造你的观点。

没有完全的觉知，大多数人宁愿留在他们的头脑中，以至于他们不必知道他们知道什么。他们用他们无法进入的精神电影折磨或者自我娱乐，并且接收他们的身体觉知到的一切。

最近我有一个客户，一个非常享受他的精神自慰，也被其所折磨的年轻人。他试图弄懂这个世界，这个世界对他来说没有任何意义，从来没有。他试图弄清楚为什么人们那么做，那么说，他探索他们对他的反应。他有阿斯伯格综合症，但你没必要有阿斯伯格综合症来让这个适用于你。

他从来没有学过如何处理他知道的和觉知到的一切，所以他的处理方式，就是进入他的大脑，创造自己的世界。这对他有效。但是，这需要大量的能量来维持这个头脑机器的运转，并确保维护这个私人的地方。

他不得不切断他身体的觉知。身体是一直在接收世界信息的感觉器官。停留在他的大脑中，他创造了分离，使他无法享受他的身体。他说，他一直都是中立的，没有任何喜悦。与你的身体没有任何连接会切断你对周围的一切和所有人的接收，包括你自己。就好像想用美味的饮料注入你的杯子，让你焕然一新，充满活力，但你锁住了通往冰箱的大门。这里的每一个分子都有助于你和你的身体。为了安全，不被打扰的独自在大脑中，而切断那个连接，让你远离你可以得到的所有乐趣，可能性和创造性的能量。

接收你所觉知到的为你创造了一个完全不同的游乐场。

如果你的觉知不是评判性的冒犯，会怎样？如果它不好也不坏，只是你可以用你想要的方式来运用的信息，会怎样？这对你来说意味着更多的自由。

一个很好的例子就是《阿甘正传》。没有什么可以打倒那个男人。他可以在战争中，没有任何的观点得接收一切。他接收一切，并运用它来创造自己的实相。无论他做什么，他都是出于温柔和善良。在他的世界里没有任何评判。无需证明什么。对他来说什么都没有意义。事情有变化，他允许它们变化，不会紧抓不放。没有形式，没有结构，没有任何意义。他存在的方式让他比其他人走得都远。多么聪明的人！

如果觉知和意识是新的智能会怎样？

人生就像一盒巧克力....我们不知道它如何显现，但我们可以选择让它显现。

第六章

评判——一条死胡同

人们用评判来创造他们的生活。人们用它来搞清楚他们所看的以及所选择的是对还是错，是好还是坏，以及他们是否喜欢它。大多数人透过他们评判的滤镜来看这个世界。

不久之前，我在维也纳的一家歌剧院，音乐流经我的身体，为每个细胞注入活力。男高音用他的声音扩展了每个观众的世界。在休息时，我非常开心，很感恩音乐和歌手。在点一杯酒的时候，我无意中听到一个女人和其他人的对话，"好吧，今天他唱得不错，但我听出来他没有唱准所有他应该唱准的音。"她的朋友很赞同，然后他们继续评判。哇。真的吗？在那样的美好面前，这些人选择了评判，并切断了接收男高音的声音和音乐对他们的生活和他们的身体做出贡献的可能性。他们对自己是多么刻薄。

每一次你评判的时候，你都会切断你可能接收的。任何不符合你的评判的一切都无法走进你的世界。

我治疗的人，他们一直在评判自己。他们每次看自己，都是通过评判的眼睛。他们做出决定和得出结论，他们是错的，可怕的，毫无价值的或丑陋的。恰恰就是认为你的身体，你的关系，你的金钱状况或自己有问题，创造了问题。你认为有问题的结论，没有给任何其他事物留下被创造和进入你的世界的空间。

各种样子和形式的错误，一般会被这样合理化，"过去，这，这都发生了，我的童年是这样，那样"，人们用这样的故事来解释，论证并合理化为什么他们有他们的问题，为什么他们不能改变它，为什么他们的人生是这么艰难。

我从来不听，不说也不相信这个故事。当客户说："这和那是我的问题，因为......"，他们的故事就开始了。"因为"之后的一切，都合理化为什么他们有问题，为什么他们有问题是对的，为什么他们不能改变他们说的他们愿意改变的。这让他们一直维护着他们问题的循环。倾听和相信人们的故事是在告诉他们，保留他们的故事是正确的，他们确实是自己的故事的受害者。

还有什么是可能的？

通过不相信他们的故事，不把他们看成受害者，提问赋予了人们力量。它邀请他们觉知到他们拥有改变他们希望改变的所需要的一切。

当我的客户们意识到他们关于自己为什么有问题的原因和理由只是他们创造的故事，他们的故事不是真实的或固定的，他们轻松了起来，因为他们意识到，他们可以打开一扇通往他们选择的全新实相的大门。

每一个故事都只是一个有趣的观点。你可以用那种方式或是这种方式看待它，你的故事会根据你的心情，你交谈的对象发生变化。你的过去是你评判它所是的。它的一切都不是固定的。你对于你故事的评判，决定了你怎样衡量在未来什么对你是可能的。那是基于你的过去来创造你的未来，不会给你留下很多选择。你只是从你的过去的菜单中做选择。

让你的过去是成为一个有趣的观点，而不是一个固定的观点，怎样？让我们的过去变得不再重要，并允许它成为这一刻之前我们选择所成为的和所做的，怎样？现在立刻允许自己选择成为自己真正所是的，怎样？你的选择会增加多少？你的菜单就急剧增加了，不是吗？

在童年时，许多人的才华不被认可。他们大多数都被评判为不够好。如果你像自己愿意被对待的那样对待自己，而不是因为你被对待的方式受苦，会怎样？那不会改变你的未来吗？

故事可以很有趣，当它们扩展你的世界，并且激励你时，而不是你用它们合理化你的限制时。

我治疗过一名妇女，她在青少年时曾经被性虐过。我们都在谈论虐待，她说她不希望再被她的过去限制了。她利用这个虐待来合理化她不能再享受她的生活了，合理化她恨她的身体。当她觉知到这一点，她准备好不再合理化她的局限性，那敞开了大门，让她可以接收我来改变虐待在她的世界和她的身体中创造的一切。通过解决虐待创造的一切，卡在她体内的能量被释放了。

在她一个星期后的个案中，她有一个大大的微笑，她说对她来说有了太多的改变。她现在享受她的身体，就好像虐待从来没有发生过。那不再有关了。她改变了她的过去。她现在是一个完全不同的人，并且知道她可以选择她想要的一切。

你正在选择什么呢？

你是否愿意停止批判自己呢？

你有多少是在通过向自己和其他人证明你有多么聪明，来证明你有足够好，没有错？证明你很聪明，需要自己不断的评判自己。你在不断的监视自己，来弄清楚你是否足够聪明。实现的一切不过是一个冒烟的脑袋。

人们使用的另外一个评判，是他们一遍又一遍地证明他们有多么愚蠢，来不去知道他们真正有多么聪明。

每个人都有自己的方式来评判自己不具备他们真正所有的能力。成为你真正所是的伟大需要你完全的允许自己。完全的允许即是你接收一切，没有评判。是你不再需要带着那样的观点，你的某一部分太丑了，不能让其他人看到，不再在你自己和其他人那里隐藏任何事物。每一个丑陋都成为一个有趣的观点。那不再是真实的。而只是一个有趣的观点。

让我们用那个工具玩耍。找一样关于你自己的，你认为错误，可怕和丑陋的事物。现在对那个观点说，"这是一个有趣的观点，我有这样一个观点。"现在再一次如它所是的看这个观点，再一次说："有趣的观点，我有这个观点"，然后观察它现在怎样…然后再说一遍，"有趣的观点，我有这样的观点。" 现在再看你的观点。它在变化吗？

对于你已经有了很长一段时间的关于你自己的观点和评判，你可能不得不这样做20次，甚至更多次。这么做，直到它变得轻松或你开始放松。当人们这么做的时候，有些人开始大笑，因为他们意识到拥有这些观点是多么搞笑，放下他们又是多么轻松。

您可以对"感觉"沉重的一切使用这个工具。你可以对自己的观点和其他人的观点使用它。例如，如果有人说你做错了什么，或你不够好，那么在你的头脑中说，"有趣的观点，他（她）有这样的观点，"直到你意识到他们说的只是一个观点，而不是事实。

我有一个客户，他的妻子指责他的各种事情。无论他做什么，都是错误的。他觉得很可怕，认为他们婚姻中的所有问题都是他的错。他想尽一切办法，让他的妻子感觉正确。我给他"有趣的观点"这个工具，每一次他妻子要评判他的时候，他都会使用它。他降下所有的屏障，在他的头脑中说，"有趣的观点，她有这样的观点"（不是以讽刺的方式），直到他不再让她的观点变成事实。他接受她说的一切，这让她对他的说教比以前短得多，因为她觉得被接受了，没有必要证明她观点的正确性了。

当这个世界上的一切不过是一个有趣的观点，评判的意义就被带走了。它们不再相关。人们只是用它们来使自己变得真实和适应。允许自己与众不同，而不是试图改变自己，以适应其他人的评判，这会打开选择的大门。你可以把所有事物，所有人，都作为一个有趣的观点，作为你能用来创造你生命的信息来接收。如此一来，生活就变得务实，而不复杂。

在选择中，你每时每刻都可以改变方向。如果你刚刚因为某人心烦，你可以再次选择。你想继续心烦，或者是去公园里散步？如果没有什么选择必须持续超过十秒钟，会怎样？你心烦十秒钟，十秒一结束，你就可以选择不同的东西。

例如，假设你刚才大声训斥你的孩子，并对此感到很糟糕。你可以不带评判的接受你刚才的选择，而不是感觉糟糕，并对你的孩子说，"我很抱歉，我刚刚是一个坏透了的父亲／母亲。请原谅我。"　然后继续前进。选择大喊大叫的那10秒钟已经结束。你并没有因为它伤害你的孩子。你只是刚刚向他们显示，你有时做的选择并不是那么宽广，而且也没有必要去评判那些选择，而且总是有继续前进并再次选择的可能性。对自己没有糟糕的感觉，是你可以给孩子的最好的礼物，来鼓励他们在未来不因为他们做出的选择来评判自己。

真正的创造并非来自什么是对或错，而是来自提问和一次又一次选择。选择创造觉知。

很多人误把评判当做觉知。觉知和评判之间的差别是能量。评判有电荷;它是正的或是负的。觉知没有电荷;它是轻松的。觉知让你轻松。评判是沉重的。

例如，如果你认为某人很卑鄙，询问这是一个评判还是觉知。当那是一个觉知时，即使是承认某人的卑鄙也是轻松的。关于这个的很好的部分是你可以把你的觉知作为信息，知道这个人可能不是一个你想一起吃晚餐的人。意识包括一切，对一切不做评判，甚至是卑鄙。

有一天，当我正准备上班时，我突然有一个知晓要留在家里，但我不知道为什么。第二天，我听说，有一个持枪的人在办公室恐吓员工。回想起来，那一天不去上班的觉知是轻松的，也没有电荷，即使它是关于一个恐吓。信任我的知晓，而不是评判自己那天不去上班是错的，无疑让我的生活更轻松。

头脑的发明

你的每一个不安，你都在给它喂食能量，并让它成真。你用你的能量，时间和创造力，让你的不安成真，并为它们找到证据它们比你改变它们的力量更大。浏览你的一天，看看仅仅一天中你有多少不安，因为你的家人，你

的孩子，你的同事，你自己，你的身体，你的金钱，你的
生意....每一次事物缺乏轻松，而轻松是你的自然存在，你
就创造了一个不安，并让它成真。

　　你是一个多么伟大而荣耀的发明家啊;每一天每一刻都
在发明你的不安，只是为了像其他人一样正常而真实。如
果你可以利用你的发明能力和创造力优势，并且创造事实
上对你有效的事物会怎样？

　　你有多少的不安是你的发明，而它们事实上是你还没
有承认的觉知，并且它们被扭曲成评判，正在你的生活中
创造麻烦？如果你一点都没理解你刚刚读过的一切，那是
完全合适的。只是笑笑并点头吧。当我们外国人不明白，
并只是想有礼貌时，我们就这么做。

　　不理解也正是我们希望到达的点。在这个点，你不再
从你头脑的限制中创造，并且向你的知晓敞开，有时好像
突然再也不能获取任何事物了。享受点头。读到或听到这
样的事物，却并没有获取它，可能只是让你知道，这是你
的项目。当它是你的项目，你的大脑不会再获取它，因为
它超出了大脑来搞清楚的能力。在这一点，您开始超越你
的限制。不要担心，感到高兴和感恩，只是继续阅读。

　　例如，当你意识到有人在从你这里偷东西时，你刚刚
收到你可以有利利用的信息。问问自己，你愿意选择什
么，来让自己的生活更加轻松。你想要跟这个人交谈，还
是顺其自然，或者你还可以选择什么来扩展你的生活？接
受这种觉知让你知道你有选择。

　　如果你觉知到有人从你这里偷东西，但你评判自己，
说："我一定是错了，多么可怕的念头，这个人永远不会
从我这里偷东西的......"你就把觉知扭曲成思想和评判，并
创造了一个在你的现实中创造不安的发明。

让我们把除障句付诸行动，来改变这种状况！

你正在把你多少的觉知，扭曲成思想，感受和情绪？

问那个问题时所出现的一切，你愿意摧毁并不再创造它吗？

Right and wrong, good and bad, pod and poc, all nine, shorts, boys and beyonds.

我强烈建议多次运行除障，来进入你的觉知，并让你自己从你让其成真的一切不真实中解锁。运行除障的意思是，大声或者在你头脑中说出那句话。如果你为自己运行除障，就用"我"来代替句子中的"你"。

接下来的事情就是为发明辩护。一旦你发明了事物，你会为它辩护。例如，你发明了没有人喜欢你的观点，那么你将寻找没有人喜欢你的证据来维护这个发明。你会投射到其他人身上，他们不喜欢你，你会研究他们的面部表情，找到他们不喜欢你的迹象，你会把他们不喜欢你放进他们的头脑中，他们将通过躲开你或者是对你卑鄙来证明它。

你可以看到它是如何运作的吗？这是疯狂的。一切只是一个发明。

你要如何改变它呢？

通过觉知到这一点。通过越来越多的觉知到，你生活中的不安只是一个发明;选择放手是改变它所需要做的一切。

为了让它变得甚至更加容易，你可以一遍又一遍运行这个程序：

我用了什么发明来创造我正在选择的不安？

那所有的一切，你是否愿意摧毁并不再创造？

Right and wrong, good and bad, pod and poc, all nine, shorts, boys and beyonds.

第七章

从症状到诊断，你在哪里？

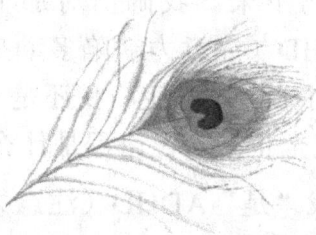

把症状总结到被称为诊断的类目中，是心理健康领域创造秩序的主要途径之一。人们的思维方式和行为方式如此复杂，以至于它创造了混乱以及建立秩序的需求。关于如何做，什么是对，什么是错，有太多的规则，以至于很多人会感到失落，并绝望地竭尽所能得把事情做对，来被接受和适应。

诊断系统是判断什么是正常的，正确的，什么是不正常的参照点。它是一个每年都在变化的创造，目标是让事实上没有意义的事物变得有意义。大多数人感觉"有毛病了"，然后在得到诊断时，获得他们是多么有毛病，病得多严重的证据。其他人把它用作他们不能创造自己生活的原因和理由。改变那个，并放下一个人的参照点和关于自己的定义需要很大的勇气。

诊断从来没有在我的工作中真正帮到我。我承认每个病人是如何的不同。一个人可以在同一时间内符合很多诊断，或者一个都不符合。当我咨询我的诊断书，并终于找到了匹配的诊断时，我从来都不确定我真正已经完成了什么。我分类了一个人的症状。好吧。然后现在呢？怎么处理这个信息？

当我写这篇文字时，我觉得很难一次只写一个主题。既然我有这么多想说的，这么多不同于目前的心理学的发现，我想立刻都写下来。我确信对那个也有诊断。事实上，我同时是ADHD（注意力缺陷多动症），ADD（注意力缺乏症），自闭症和强迫症，我还是一个心理学家，除此以外我看起来完全正常（无论那是什么）。

注意，我说我"是"ADHD（注意力缺陷多动症）….被诊断为和"成为"是有区别的。被诊断为是可以被归纳为一个特定类别的症状。书中写的那些可以在每一个心理医生的书架上找到。它们仅仅是发明。成为ADHD（注意力缺陷多动症）是有这些所谓的诊断所隐藏的能力。是的，那是正确的，我用了"能力"这个词。稍后在书中我将与你一起探索那些能力是什么。

我去过很多讲座和读了很多关于ADHD（注意力缺陷多动症），ADD（注意力缺乏症），自闭症等其他对混乱或缺陷的精神诊断的书。这些人真的有"障碍"？或者他们只是不同？如果我们仔细看，我们可以觉察和接收到这些可能性。

你知道什么你不允许自己知道的？如果你超越这个实相中正确的和真实的一切，超越你一直被带着去相信的一切，什么是你真正知道的对你和这个世界是可能的？

那些被诊断的人们经常使用那些标签来描述他们是谁。他们根据"他们的"诊断所总结的症状来创造自己，并用它验证别人关于他们应该如何的实相。他们依据诊断的限制，来创造他们是谁的那张照片。我在心理健康领域见过太多这样的病人。带着"抑郁症"的标签，他们甚至变得更加抑郁，因为他们有了抑郁的原因和理由。

　　甚至理论也像诊断一样起作用。它们是结构和答案，告诉你什么是对的，什么是错的，要走什么路。你拿着你的生命，并让它融入理论来解释它，理解它。你使用它作为一个参照点，来找到解决方案。但这个解决方案中存在着陷阱。你用一个答案来解释生命，这会剥夺你的力量。

　　答案剥夺力量。

　　问题给予力量。

　　一个理论或是诊断如何能比你更了解你自己呢？

　　我邀请你知道你所知道的，而不是把其他人的观点看得比你自己的知晓更为珍贵。如果你能成为你是谁，而不是试图适应被诊断称为这个实相的盒子，会怎样？

第八章

被称为你的那个空间 –
它是不可思议的，它是古怪的，
但它有效

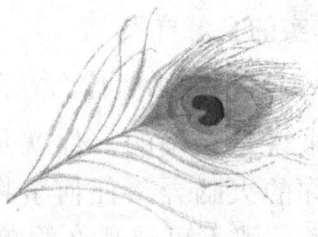

你让你的生活变得比它必须所是的更加艰难了多少？你还在紧抓着你多少所谓的难题，因为这是人们在这个现实中所做的？你必须有问题才能变得真实。每个人都有一个，所以你为什么不应该也有一个呢？如果没有一个或两个，你会是谁？你是否决定了，如果你没有创造让你变得像其他人一样有限的障碍，你会太不同，太怪异？人生就像打高尔夫球。它全都是关于障碍的。真的吗？这真的是你的实相吗？

你在把什么不真实的变成真实的？

请记住：让你轻松的是正确的，让你沉重的是一个谎言。一个你可以对一切使用的工具。当你想知道事物是否是一项发明，而不是真实的，觉察它的能量。如果是它是轻松的，那是一个你正在有的觉知。如果它是沉重的，它是一个谎言;别人的看法或观点。

所以，现在看你的生活，觉察所有你在创造沉重的地方，问这是真的吗或者这一切是一个我一直相信的谎言？

注意你的宇宙变得轻松了。这个信息通常不会被利用，因为在这个实相中，有问题，让他们成真，并找出为什么一个人有问题更为有价值，而不是提问来立刻改变它。所有你需要做的是问一个问题，打开觉知的灯，来知晓什么是改变它所需要的。它是那么容易，你可能会，"那是不可能的，那太容易了，如果有可能，以前就会有人告诉我了。"如果你开始信任你知道的，而不是相信你一直被给予的那些真实的会怎样？

问问你自己："这里我知道什么？"

当事物对你来说是正确的，你就是毫无疑问的知道它。没有必要用你的大脑弄清任何事物，或者试图找到证据。你就是知道。那不可能那么简单的观点;那让你更轻松还是更沉重？更轻松意味着它让你感觉更放松，就像呼吸一样。那时你知晓它对你来说是真实的，不是来自于认知的观点，而是来自于大于你头脑中可以思考的一切的知晓。

那么你头脑中还有什么让你感到沉重？你头脑中每天发生的一切有多少让你感到沉重？你头脑中有多少想法在自动驾驶仪上，不断运行着，而你无法阻止他们，那都把你逼疯了？你想改变那一切吗？你想超越你头脑中所有那些嗡嗡声，发现你真正是谁吗？

它来了，很久以前你就应该被给予的信息：你所有的想法，感受和情绪99%都不属于你。他们不是你的。他们都是你从其他人或地球上获得的信息。我告诉过你，这很怪异。改变和更多的成为你所是的需要你放下至今对你还没有用的一切，打开通往完全不同事物的大门，那可能是怪异的，是一个完全不同的世界，但实际上给予你你的自由。试图阻止你头脑中的想法没有用;那里没有"关闭"按钮。试图带着你头脑中所有这些想法放松也不起作用。

你尝试过多少不起作用的技术？为什么它们不起作用？那些技术的大多数，都认可并与这个想法一致，即这些想法是真实的，他们是你的。你同意和保持一致的一切都会成为现实，它也会紧跟着你。你同意的，保持一致的，抗拒的，和反应的一切，你都会把它变为现实并受它影响。你所有的想法和感受也是同样的。

看看大海。无论是下雨，还是下雪，还是阳光普照，大海总是存在着，并且与出现的任何风雨共存着。树木也是一样。树木一直是他们所是的平静，不管他们遇到什么样的天气。他们不会把天气，暴风雨，雨，雪，阳光与他们是谁混淆。

人们总是把自己的感受（他们的天气）与他们是谁混淆。他们说，我很伤心，我很生气。这就好像树说，"我是雪，我是雨。"如果你能觉知到你所是的空间，你所是的平静，而且每一次你觉知到一个感受或者想法时就问，"这属于谁？"会怎样？我再说一遍：你的想法和感受，99%都是你从其他和地球获取的信息。是的。你是个巨大量级的觉知机器。如果愿意承认它，它将使你的生活变得轻松得多。这将消除99%你头脑中正在进行的一切。

但是不要这样做。你会变得像树木和海洋那样平静。你会变得如此不同，以至于别人会问你你怎么了，因为你将不会再像过去一样不安。平静在这个实相中是一种"错误"。

我有一个患双相障碍的病人，我给她做了一些个案，在那之后，她遇到了她的医生，医生很困惑，说她不再满足双相障碍的标准，那应该是不可能的;你不应该能够这么容易的摆脱那个诊断。她告诉他，她现在多么快乐，她的生活是多么喜悦，而他问她，"你吸毒了吗？"在这里事情是多么的有意思。

　　所以，你想选择什么？四处溜达，相信别人的想法和感受是你的，或者问，"这属于谁？"每次你"感到"沉重的时候，问这个问题，当它不是你的，无需分析发生了什么，这会让你的世界变得轻松，并让你觉察到你所是的空间。这需要练习。你的每一个思想和感受，都做三天这个练习。在那三天的末尾，你会是一个走路的，说话的冥想。你会开始那么做，然后你会忘记，然后你会再次记住它。不要担心。只要你记起它的时候，就这么做。你会惊讶，有多少你原以为是你自己的问题的事物，与你没有关系。

　　一个患有ADHD（注意力缺陷多动症）的病人来找我，他因为焦虑和社交恐惧症而困扰，他告诉我在其他人周围是多么艰难，因为他会变得焦虑。于是我问他，他获取了多少其他人的思想，感受和情绪，并认为它们是他的。他用明亮的眼睛看着我说："这完全是有道理的，那感觉如此真实，即使它的逻辑不通。这就像我的一生都在这么做。停不下来感觉很不好。无论我尝试什么，我都无法改变它。这是如此惊人的信息。当我们谈论这个时，我觉得像我自己了。"

　　"是的，因为你是那个空间，那就是你的自然存在，其他一切都是你觉知到的发明。它们是不属于你的谎言和事物，你不能改变，"我回答。

　　"当我们谈论这个时，就好像我的整个生活正在发生变化。我以为我病了，患了精神病，哇，原来我没病。"

　　你也高度觉知地球上在发生什么。您可能已经注意到这个世界上正在发生的，与地球相关的所有变化。气候和天气的变化。问问自己，"我和我的身体多大程度上觉知到地球所发生的一切？"那让你的宇宙轻松了多少？你和你的身体以及地球都是相互连接的。当天气变化时，有多少次你的身体已经觉知到，天气即将变化？无论是心理上的天气或是自然中的外在天气，你和你的身体都能觉知到发生了什么。

你和你的身体也能觉知到地球需要你怎样。当你的身体有疼痛时，询问是否地球需要你的一些东西。

我治疗过一个女人，她说她有愤怒的问题，她想消除它。在我们的个案中出现的一件事情就是一个觉知，她在她的体内储存了大量的能量，她误用和误认为是愤怒，而不得不压抑它。当我们问这个问题："什么是地球需要你的？"一切立刻变得更加轻松。我让她举起她的双手，收集地球对她和她的身体所需要的所有能量，并通过弹手把能量发送给地球。她做到了大约20次，之后就完全的平静了。她意识到，她是空间和平静。她的愤怒仅仅是地球要求她做出贡献，而她拒绝倾听。

当你在一个人们打过架的房间里，你进入了房间，并没有被给予人们打过架的信息，你也知道那里发生了一些事情，你知道那里发生过一些事情。为什么？因为你一直能够觉知到你周围的能量！询问"这属于谁？"的意义是，你再也不用相信不属于你的一切。你不再需要背负着从来都不属于你的负担，你可以自由，并开始以你真正想要的方式创造你的生活。

这是一个我一直都教给我客户的工具，那些选择使用它的人称他们是多么的惊讶，他们的问题有多少都不是他们的，而他们又通过把别人的难题锁在他们的头脑和身体中，来为多少其他人的问题负责。

你有多少通过承担别人的思想，感受，痛苦和苦难，来试图疗愈别人呢？那对你有效吗？或者它的结局总是你感觉糟糕，而另外那个人又创造了新的痛苦和苦难？

你使用了怎样的痛苦和苦难，来验证其他人的实相，并且又选择它们来让你的实相无效？

所有那一切，你是否愿意摧毁并不再创造？

Right and wrong, good and bad, pod and poc, all nine, shorts, boys and beyonds.

每一次你选择痛苦和苦难，你就验证了这个实相，并让你的实相无效！难道现在不该开始选择你吗？

第九章

干扰—愤怒和内疚

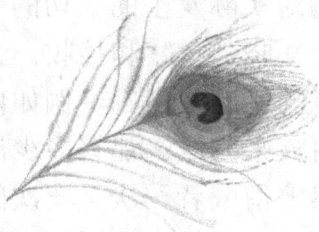

愤怒和内疚是干扰性植入物。他们让你困在陷阱中并告诉你你没有任何选择。他们是人们从来不问任何问题的事物。它们认为，这就是生活的方式，生活应该是的方式。大多数人都同意，并与这个事实保持一致，即愤怒是真实的，内疚是真实的，他们花费大量的时间试图处理它。他们从来不问愤怒和内疚是真实的吗？

试图处理或者努力管理这些不会起作用，因为它们不是真实的。你不能改变不真实的，以及谎言。植入物是你同意的，与其保持一致的，抗拒的和有所反应的一切，它会影响你的能量，使它变为现实。例如，如果你和我散步，然后我说，"看看那个人，看看他的脸，他是那么生气。"（而这个人所做的一切，只是正准备打喷嚏。）通过同意我的的观点并且说，"是的，你是对的，他是那么生气"。你刚才被植入了一个观点。我们刚刚发明了不真实的事物。

干扰植入似乎是问题，但它们不是。很多人认为愤怒是问题，所以他们试图说服自己和别人不要愤怒。那起到的作用如何呢？

为什么叫干扰性植入物？

这些植入物是对实际发生的一切的干扰。他们干扰可能的觉知，存在，知晓，觉察和接收。试图处理或解决一个你已经决定你有的难题或问题，例如内疚，并不是通过解决内疚和处理内疚来完成。那有多少次对你是有效的？又有多少内疚依然停留或者一次又一次的回来。这就像在瑞典寻找一把钥匙，而你是在德国把它弄丢的。你永远不会在瑞典发现它，即使你花多年的时间寻找它。

干扰性植入物是这个实相的谎言。你无法改变一个谎言。它将一直是一个谎言。这里人们告诉你，"这，这是我的问题，"他们的一生都携带着它，因为他们已经决定这是他们的问题。他们同意并与那个事实保持一致，同时又抗拒，并作出反应，然后越来越深入这个问题。没有其他的，没有什么不同的，没有更伟大的可以进入他们的觉知。

我有一个病人来找我，因为她相信愤怒是她的问题，她必须努力摆脱它。有很多人告诉她，她是一个多么愤怒的人，她确实有一个需要心理咨询的大问题。在这里，她愤恨地看着我，并竭尽所能　得说服我她是一个多么愤怒的人。她用应该会引起我恐惧的方式来使用她的身体和声音。

觉知到她的愤怒不是问题，我在我们的第一次个案见面时，降下了所有的屏障，不同意也不与愤怒是她的问题这个事实保持一致，也不抗拒或对她接近我的愤怒方式作出反应。她很惊讶。她从来没有见过任何人没有观点得见她，并且完全的允许她，尽管她已经决定了她是一个多么可怕的人。她惊讶于自己以这种方式被接受，这让她质疑发生了什么，也打开了一扇门，让我可以向她展示不同的可能性。

我首先让她完全允许她的愤怒，释放她对愤怒的评判和抗拒，　来开始这个旅程。那改变了她的观点，并让她不再认为她自己错了。空间敞开了，她以一种完全不同的方式接近自己。在她所有变为现实的愤怒下，是这个巨大的潜力：一个强大的，有创造力的女人，她的一生都因为她的与众不同和独立被认为做错了。一旦她看见了被称为愤怒的谎言，她可以接收她真正能做到的一切，并且知道她是一个礼物。那之后出现的确实令人很惊讶。这位女士变得与她曾经能想象的她完全不同。她改变了她的整个人生，事业，生活和存在的方式。

任何我们抗拒，做出反应，同意，保持一致的，有观点或评判什么是正确的或错误的地方，我们都限制了我们对真正发生的一切的觉知，我们限制了我们改变我们想改变的一切的能力。把一切看作是一个有趣的观点给予你你的自由。事实上，一切都可以是正确的，或者是错误的，那取决于谁在评判：文化，年龄，过去的经历，等等。把一切都看作是一个有趣的观点，让放松出现在事情被判定为珍贵和真实的，并且可能失去其意义和重要性的地方。

这是允许的空间，一切都只是一个有趣的观点，都包括在内，没有任何评判。从那个空间，我的客户进入了接收自己的可能性，并开始了觉知她真正是谁和真正的能力所及的旅程。改变现实，创造不同生活的过程开始了。每做一次个案，她更加愿意去释放愤怒和限制的谎言，向可能性敞开，并为她是谁而感恩。感恩是一种存在的放松状态。它允许现在的一切，过去的一切，以及喜悦的觉知一切的可能。

　　因此，不要有目标在你的生活中或是治疗中去处理生气，怨恨，愤怒，内疚和羞愧，更有效的方法是允许现在的一切，并发现这些植入物在让我们从什么那里分心。如何才能做到这一点？让他人更多的成为他们自己的终极邀请，是让我们更多的成为我们自己。成为你，改变世界。

　　干扰性植入物的目标在于控制，推动一个观点，并限制选择的可能性。愤怒和内疚是控制别人和被别人控制的完美方式。当有人没有问一个问题，就因为某事而指责某人时，通常两个人都会从自动驾驶仪来运行：他们觉得很糟糕，而且也没有任何出路。

　　当这样的事情在你的生活中出现时，你要知道在你面前的是一个谎言，一个对真正的可能，潜力，力量以及你真正是谁的干扰。放下所有的干扰性植入物可以让你拥有轻松和无限的选择。没有愤怒，内疚和羞愧，其他人怎么能够控制你呢？

　　如果我们都成为我们真正所是的，难道这个实相不是必须要从现在所是的样子发生改变吗？

　　问你自己：

　　我在愤怒后面隐藏了什么我不愿意成为和接受的力量和潜力？

　　我在内疚和羞愧之下隐藏了什么我不愿意成为的？

　　问这些问题让你感到更轻松了吗？在你的宇宙的某处，它打开了对有一个更大可能性的知晓吗？

　　我曾治疗过一个非常漂亮的年轻女子，任何时候有人开始跟她说话，她都会脸红，她因此而痛苦。她告诉我，男人们渴望她，她是如此尴尬，以至于他们说话的时候，她的脸会红。她试图避免眼神接触，但每一次其他人看她的时候，她都会羞愧得走开。这导致了悲伤，以及一种她失败了一样的感受。她为此非常困扰。

于是我问她，你不愿意成为和接收什么？她惊讶得看着我说，"欲望。那些看我的男人希望和我睡觉的事实。"

"所以，你不愿意接收，他们发送给你的能量？"我问。

"不愿意，"她说。

"这么说，你在为接收那个能量竖起屏障？"

"是的，"她说。

"那么，那发生了什么？你不愿意成为什么呢？"

"好吧，我不想成为一个荡妇，"她答道。

"不愿意成为一个荡妇让你竖起屏障，不接收那个能量。一切你不愿意成为的，你都会抵御它，并切断你成为和接收那个能量以及有那个能量的人。你决定成为一个荡妇是错误的？"

她说："哦，是的。"

"那么，让我问你一个问题："真相，允许自己成为一个荡妇对你来说会是一个乐趣吗？" 她开始失控得笑，而她的身体放松了。这是一个非常明确的"是"。"不愿意成为你决定是错误的一切，限制了你可以成为的和可以接收的。这不是关于出去，跟所有人睡觉，它是关于允许自己去接收，成为你真正所是的性感，有乐趣以及享受自己，享受他人渴望你。通过允许自己接收一切，接收每个人都渴望你，你能够创造多少更多的金钱？"

我让她获取成为一个荡妇的能量，并接收男人发送给她的欲望，并放下她所有的屏障，接收那一切，在它所有的强度中，在她身体的每一个细胞中。她很惊讶，也很高兴出现的一切：她觉知到她用了多少能量来确保她不会接收她已经决定是错误的一切。而她可以成为的和接收的一切可能的强度，以及她的世界中敞开的幸福和快乐，是令人难以置信的。她绽放了，享受人们对她的注目，与她的身体有了完全不同的连接，而且不管她脸红还是不脸红，她都不再有任何观点。

这些干扰性植入物，都让你从真正发生的一切分心。一旦你发现他们，你可以将它们标为干扰性植入物，并且问自己，你是想继续相信你有问题的谎言，还是问一个问题来改变正在发生的事情。干扰性植入物是把你引到死胡同的答案。答案剥夺力量，问题赋予力量，并对不同的可能性敞开大门。

下一次有什么感觉沉重的时候，询问那一刻是否有植入物在运行你的生活秀。只是在你的头脑中说，"现在所有运行这个秀的干扰植入物以及下面的一切，我销毁并不再创造。"然后使用除障句。Right and wrong, good and bad, pod and poc, all nine, shorts, boys and beyonds.

起初你同意，与它们保持一致，抗拒并对它们做出反应。如果你能那么做，你也有能力撤销它们。问你自己：

什么是超越干扰性植入物的可能？

因为干扰植入物，干扰了你成为和接收什么？

你在这些植入物下面隐藏了多少你的潜能，你所是的无限存在，以及喜悦和轻松，来说服自己，你就像你已经决定了你应该是的那样正常和真实？

什么是你可以成为和接收的可能，但你却没有承认？

第十章

捍卫—在你城堡中的你

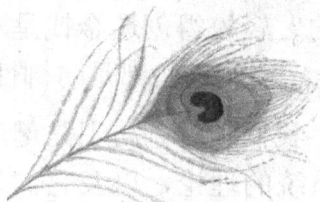

捍卫观点，以及人们认为和感受为正确的和错误的是这个实相的重要组成部分。大多数的谈话中，你听到自己和别人捍卫你们的立场和你们的观点。你为你的正确，为你已经决定是正确的，真实的一切而战。捍卫中是没有自由的。它让你持续处在评判和斗争的状态。它让你繁忙，它让你偏执，等待攻击。

你在捍卫什么立场？

作为一个女人，一个男人，一个母亲，一个女儿，一个好人，一个坏人，一个穷人，一个富人的立场。

你已经决定了你是什么，并一直在捍卫它，就好像它最终会把你给予你？

那所有的一切，你是否愿意摧毁并不再创造这一切？谢谢。

Right and wrong, good and bad, pod and poc, all nine, shorts, boys and beyonds.

多年来，我遇见过很多人，告诉我他们的问题，说他们愿意克服它们，但他们一次又一次得捍卫它们，想出各种他们有问题，以及很难或不可能克服它们的原因和理由。每当这样的事情出现时，你就是在捍卫你的问题。

还有什么其他的是你在捍卫的？

生活是艰难的？轻松得创造金钱是不可能的？当你变老时，你的身体会疼痛？这些都是防御性的立场。

在心理学中，我们了解到防卫是健康的，是必要的。有关于各种防御系统的理论，以及它们是如何有害，但它们也是适应的迹象。问题是，你想适应这个实相吗，还是你想成为你，即使它与这个实相中被视为正常的一切不匹配？适应，还是成为自己的自由？

成为你的自由，并不意味着你要被放在一个疯人院里。否则，我就已经在那里了。相反，我在那里工作，并通过超越这个实相称为我自己，改变了现实。怎样做到的？当你成为你自己，超越捍卫你是谁时，你就邀请了变化，而不是斗争。当我治疗客户时，每个人都被邀请来到超越实相的可能性，而无需被迫改变。那是一个不同的未来的催化剂。

你捍卫的一切都会成为你无法克服的限制。如果你已经决定，你不得不每天工作，你没有足够的钱，你会每一天都捍卫那个观点，说服自己，在你看来你是正确的。"再看一看，更多账单;再看一看，没中彩票;看我今年也没有得到那个奖金......"或者不管对你来说那是什么。

浏览你的人生。你在哪里捍卫着你的限制，让你留在一个没有选择的宇宙中？

那所有的一切，你是否愿意摧毁并不再创造？谢谢。

Right and wrong, good and bad, pod and poc, all nine,

shorts, boys and beyonds.

无论你捍卫什么，那都会消除选择和可能性。无论你捍卫什么，你都无法改变。如果你在捍卫你身体，金钱，或抑郁的问题，或者你定义为你的问题的一切，你就已经把它创造得如同一个发明一般牢固，以至于你捍卫了那个问题，并且因此保留它而无法改变它。摆脱防卫允许了不同的可能性。所以持续运行那个程序吧。

你不必检查你的整个生命，分析你在哪里捍卫着，你可以只是问这个问题：

我在选择捍卫怎样的立场，而事实上我可以拒绝它，并且如果我拒绝它，那会给我成为自己的自由？

这会带出所有你有所捍卫的地方和领域，你觉知到的一切，以及你都没有觉知到的一切，你可以用语言形容的一切，以及你不能用语言形容的所有限制。只是提问，并且允许让能量出现，那自动得会是你一生中选择的所有捍卫。然后你只需要说：

我现在会摧毁，并不再创造这一切。

Right and wrong, good and bad, pod and poc, all nine, shorts, boys and beyonds.

这样多做几次，做几个星期，让你可以清理尽可能多得层次。在那段时间里，你会比以往任何时候，更多得觉知到你选择捍卫任何立场的所有地方。在各种情况下，你会发现，在何时何地你选择去防卫。一旦你意识到这一点，你就可以改变它。所以，不要只是因为你注意到你选择防守的地方，就评判自己。

你有多么捍卫，你有问题，所以你被认为是正常的，因为没有任何问题，会被认为是不正常的，和不可能的？你知道，这个世界上的人只是认为有问题是正常的，如果你没有问题，你要创造一个来成为"正常"团队的一部分。我一直在我的客户那里看到这一点。他们变得越来越好，他们享受生活，一切都开始以他们想要的方式出现，然后当他们快要爆发出更好的事物时，他们创造了某种问题，来捍卫人应该有问题的立场，所以他们仍然与这个正常的现实连接。你必须与这个实相连接吗？或者你可以觉知它，包容它并创造你的实相？

你是否是在通过暴躁和有问题来试图变得正常？变得正常时，你一直不快乐，也不高兴。如果你一直快乐和高兴，人们会问你你是不是疯了。变得正常是在适应标准差，在正方向有两个标准差，在负方向也有两个标准差。这是一个被称为钟形曲线的统计模型。

零点是大多数人所在的地方。两分—两个标准差在右侧—表明你高于平均水平。在左侧有两个标准差表明你低于平均水平。如果你适应于那个范围内的某个地方—不管你是平均水平以上的快乐或低于平均水平的快乐，你仍然是正常的。很多人喜欢玩这个游戏。如果他们的生活中有一段时期，是高于平均水平的快乐，他们会发现他们即将要脱离那个范围，对于他们来说就不再正常了。因此，他们创造了问题，这意味着跳入低于平均水平的规模。这里他们创造问题来平衡他们刚刚取得的成功。金钱，生意或其他任何事物也一样。一个人—不可能太成功了，就等着跌倒吧，这是我们所学的。

如果你可以脱离这个规模会怎样？如果你可以在你生活的各个领域完全偏离正轨会怎样？

你在防御在生活中太轻易得拥有它吗？如果你现在正在微笑，这显然对你来说是真实的。你的身体正在让你知道。身体是那么有觉知。如果你没有兴趣，不想要更多的轻松，你可能就不会正在读这本书。

　　人民通过捍卫过去来创造问题，并以这种方式创造自己的未来。每次你说一些类似的话，"上次我就是在这样的情况下，结果不太好"，或者"在我以前的关系中，我被骗了，所以我很难信任别人，"你所捍卫的过去创造了你的未来。除了你试图克服的过去，没有什么不同的，或者更伟大的一切会被创造。

　　你有多么想证明你是如此的好，你不会伤害任何人？你在使用你多少的时间和精力，去微笑，去责难你所说所做的，来证明你是一个很好的人？那是在防御变得卑鄙和恶毒。你真的是卑鄙和恶毒的吗，或者你不知怎么在某个时候已经决定，如果人们发现你事实上是多么的古怪，他们会尖叫着跑开，你会独自一个人？是不是该放下那个疯狂的观点了？你会摧毁和不再创造那一切吗？谢谢。Right and wrong, good and bad, pod and poc, all nine, shorts, boys and beyonds.

　　我遇见过很多人，他们捍卫自己的精神病，因为他们已经选择了它。你可以询问他们的童年，你会发现各种各样的事听起来都可能是为什么他们会是这样子的原因。这真的相关吗？所有的理由和所谓的原因是在捍卫那个观点，人们没有潜力来选择不同的事物。选择精神病和问题的人这样做，是因为它以某种方式对他们有用。它创造了一个地方，让他们知道他们是谁;它具有对他们有用的价值。那没有什么不对的。那仅仅是一个选择。

　　我有一个病人，在几次个案之后，她告诉我她现在快乐了很多，她觉知到她的未来的各种可能性，她被鼓舞着去工作，去做她一直想做的事。她的生活开始迅速扩张。就在她即将创立她的新的实相时，她选择变得沮丧，她开始生我的气。我们谈论它，她看得出来是她发明了抑郁和愤怒来向我和她自己证明，她做不到。她变得清楚，她在捍卫她的抑郁和精神病。觉知到这一点，她再也无法否认她有选择。

在精神病学中我遇到过很多病人，他们选择变疯。他们通常只是来做一次个案，并再也没有回来。为什么？因为他们知道，我在敞开大门，那里他们知道他们有选择，那里他们将不能够再否认，他们的精神斌和问题是他们的创造，他们宁可继续疯。同样，这仅仅是一种选择。

如果你能脱离捍卫你的观点和你的评判会怎样？你会拥有多少更多的自由？你宁愿是对的，还是想自由？

你宁愿在实相中成为对的和可靠的，还是拥有成为自己的自由，即使你丧失适应？你会能够创造多少你真正想要的？你在选择什么？

第十一章

你的"混乱"
实际上是超级力量

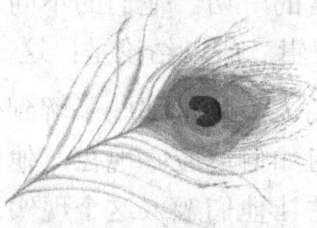

多年来遇到许多人有OCD（强迫症），ADHD（注意力缺陷多动症），自闭症，精神病和双相障碍，我很快就意识到，认为这些诊断是障碍的旧模式不起作用。事实上，它让我盲目寻找我所遇见的人的错误。这对我来说不合情理。我遇到这些人，他们的智慧是如此卓越，而我在我的教育中被给予的观点是寻找那些不起作用的的。我很怀疑这些人是如何被认定为残疾人的。比较而言，他们的创造力让任何一个智力测验都显得十分苍白。

作为一个心理学家，我做了很多神经心理测试来获得更多信息，并找出人们都有哪些诊断。这些是标准测试，来描述什么是正常的，这意味着这是大部分人运作的地方，而且它们描述了什么是在正常范围之外的。测试是一些人们应该回答的问题，如果他们根据什么被认为是正确的来回答，他们会得分，否则的话，他们不会。

和有强迫症，自闭症和注意力缺陷多动症的人一起，看到我收到的测试问题的答案如此美妙，富有创意，是一个冲击。然而，精彩的和有趣的答案却几乎不得分。为什么？因为它们不适应于被认为是正确答案的正常范围。但是这些人的创意和幽默让我竖起大拇指称好。

这些人是如此不同，在这个实相，只有认为他们有障碍才能解释他们的不同。他们不适应正确的标准，这意味着他们偏离了正常的一切。他们的不同对"正常"人讲不通。这不够符合逻辑。所以结论是：这一定有问题。

有这些诊断的人早通过那些了解到他们有问题，他们应该尽可能得学习如何适应。现在，他们通常吃药去掉自己所谓的症状，并让他们融入这个现实。每次我遇到人们因为他们的症状而吃药，他们比以前还不开心。他们不再有自我的感觉。他们说，那就像是在一个他们不能摆脱的泡沫。

被承认他们的伟大，并意识到他们所谓的症状实际上是一种可能性，这让我大多数病人停止药物治疗，并学会有利利用他们的与众不同。

例如，一名被确诊为多动症和强迫症的年轻男子，他有各种仪式，他每天不得不按照一定的顺序完成这些仪式，来整天保持冷静。他要花很长时间才能去其他地方，因为他必须先完成他的仪式。他因为那如此困扰，他的家人也感到绝望。他们不知道该怎么办。

我遇到了他，他告诉我他认为自己错了的所有方式。他说，他不能为他的人生做任何事情。他几乎不能走出房子，因为他所有的仪式，像洗十次手，并以一定的顺序在房子周围散步，并以一定的顺序穿上衣服。如果他做了一点不同的事情，如果他被打断了，他不得不全部重新做一遍，直到它变得完美。

最重要的是他过度活跃。他吃了药并很快意识到，他并不需要它。他告诉我，他觉得被赋予了很多力量，并意识到他是多么奇异，他比那些小药片有效力的多。他成为我遇见过的最有趣，最有创意的人之一。他在大学接受了新的教育，现在他和孩子们打交道。在那个有强度和快速度的环境中工作，匹配他的能量，他很快乐。

他是怎么从被困扰变为创造他的生活的呢？

通过承认他真正是谁。通过不相信他有问题的谎言。通过邀请自己知道他知道什么。通过获得他所需要的信息，学习工具来有利利用他的超能力。

承认你真正是谁和你能做什么，像魔术一样有效。克服你的错误，并认识到你比你所是的混乱大得多，让你能够敞开大门通往完全不同的可能性。这是我如何与我的客户打交道：我觉知到并且知道他们是谁，他们能够做的要超过他们变为现实的错误。

想象一下在一个人面前，这个人不评判你，对你没有任何观点，对你应该以任何方式改变也没有任何观点。这个人可以觉知到你还没有选择成为的那个你。请注意那可以如何让你放松自己，放松你的身体？那有点像在大自然中，树木和海洋都在那里为你和你的身体做贡献，没有你应该有什么不同的观点。

如果你可以为你自己成为那样会怎样？

你和你的身体可以成为怎样的能量，空间和意识，来让你成为你和你的身体真正所是的滋养，关爱的空间？

不允许那出现的一切，你是否愿意摧毁和不再创造，以天晓得的倍数？

Right and wrong, good and bad, pod and poc, all nine,

shorts, boys and beyonds.

运行几次除障来提醒你，那个你可能成为和接收的空间。

什么是注意力缺陷多动症？

注意力缺陷多动症是一组创造所谓的注意力缺陷多动症症状的植入物;多动和注意力缺陷。植入物是你同意和保持一致，抗拒和有所反应的一切，创造了一切植入的观点和限制。这些植入物很容易被去除，如果，而且只有如果这个人选择去除他们。你可以为那个使用除障句。

如果这个人宁愿持有那些限制，因为它们提供了第二收益，因为别人照顾他们，或者人们的预期更低，植入物就不能被移除。这是一个人们必须要做的选择。

超越植入物而存在的可能性是完全接收注意力缺陷多动症所提供的潜力。有这个的诊断的人有巨大的潜力，去觉知，能够有许多项目在同一时间进行，并完全轻松得管理它们。我有很多患有注意力缺陷多动症的病人，他们有一项或多项生意，并且用才华和巨大的创造力创造了他们。对于他们事业的维护部分，例如，薄记，他们需要工作人员。意识到多动症所赋予的有生产力的和创造性的能量，邀请你成为它，并有利利用它。意识到对你来说什么是有趣的，你可以把谁添加到你的生活中来处理你没有乐趣或并不轻松的事物。

很多有多动症的人在他们的家人或朋友之间有个"担忧的人"。他们觉知到了担心，并认为这是自己的。我的一个病人，他的母亲过分担心他。他因忧郁症而受苦，但当他意识到，他生病不断的担心实际上是他母亲的担心，忧郁症就消失了。

注意力缺陷多动症患者得到的一个建议就是他们应该一次做一件事，在开始新项目前先完成一个项目。那实际上是行不通的。我知道那个，因为我有许多客户有多动症。有效的是让尽可能多的事情进行。那与这些人有生产力的，创造性的能量相匹配。他们有越多的事情在进行，他们越放松。当你放下那个观点，那可能对你太多了，然后你就可以接收到什么对你是可能的。你的观点创造了你的现实。

开着电视或音乐，以及（Facebook）脸书和电子邮件，同时做作业或写报告，以及休息吃饭或跟朋友说话，可能对多动症的人最有效。然而，在这个现实这被认为是错误的。你应该一次做一件事，不要做太多的事情，否则你会感到有压力。这是真的吗？那是否让你感到轻松？问问什么对你有效？你知道什么？如果你知道的和你能力所及的超出了这个现实，会怎样？

什么是强迫症？

OCD或强迫症，是一个令人难以置信的觉知，以及防御获取他人想法，感受和情绪的空间的轻松。不相信思想，感受，情绪是你的，并对他们没有观点，也不试图处理他们，将允许你对此感到轻松。防御你的觉知创造了收缩。很多人的观点是，他们必须保护自己免受他们接收的信息。人们做很多，去了解得更少。

强迫症是有必须要做的仪式，和日常程序，如果他们被做错了，他们必须被重新做一遍，直到程序和仪式完美的完成。那是让自己忙于某些行为，来避免觉知。你不必有一个强迫症的诊断来知道我在说什么。你每天创造了多少待办列表，来避免接收什么对你是真正可能的？

如果强迫症事实上不是障碍，而是对这个现实的强烈觉知的能力，会怎样？这意味着一种能力，能够觉知到其他人的宇宙，思想，感受和情绪中发生了什么。没有觉知到这些人接收的刺激创造了一种控制的感觉。为了在这个实相中运转，他们创造了一种策略，即勉强过得去和处理他们觉知到的一切。

在这个实相中，我们没有被教过，只是接收信息，并允许它。我们必须让我们周围的信息变得有意义。我们必须创造一个主意，一个观点，理解它，评判什么是对和错，并得出结论。强迫症的人都非常清楚这一点。他们在这个实相中的运作方式，他们应付他们接收的所有信息的方式是，做其他人在这个现实中所做的。他们提出一种方法，来评判需要做什么，让一切都顺利。在被诊断为强迫症的人身上看到的仪式和僵化，是一种尝试来确保照看到一切混乱，以及一切都是安全的。他们的观点是，确保他们正确的做完仪式，确保一切都很好，而且没有人受伤。

有强迫症的人也非常有觉知。他们从他们的周围获取其他人的思想，感受和情绪，即使这些人的身体远离他们。他们相信这些思想，感受和情绪是他们的，认为他们觉知到的一切都适用于他们。试想一下，那是多少信息，让一切都与你相关又创造了什么。你会寻找一种方法，让这一切都有意义，并找到一种方法来处理那一切信息。

当你"感觉"不知所措的时候，有一个工具你可以使用，就是问自己这个问题：

这真的与我相关吗？

仅仅因为你从你的周围获取信息，并不意味着一切都与你有关。这就像看电视，并努力使每一个频道上每个人说的每一个词都有意义。这仅仅是信息，并且大部分都与你无关。另一种十分有用的工具是一个问题：

这属于谁？

对于沉重的一切，当你问这个问题时，它变得轻松，这是一个迹象表明这不是你的。当它没有变轻松时，问：“我创造了这个作为我的吗？”如果你得到一个“是”，说：

那所有的一切，无论在哪里我创造了这个成为我的，我摧毁并不再创造它，以天晓得的倍数。

Right and wrong, good and bad, pod and poc, all nine, shorts, boys and beyonds.

我有一个病人抑郁了很多年，尝试过各种药物及各种治疗，但没什么能改变她的抑郁。她开始不说话了，而且显而易见，她就要死了。我治疗她，有一天，她走了进来，看着我微笑。那个女人多年没有笑了。她看着我，说：“今天我很高兴，我从家里来了，我意识到我头脑中的东西，以及让我沉重的事情都与我无关。那不是我;它从来不是我的。“从那天起，那个女人开始像以前从未有过的那样来创造她的生活。她有她想探索和执行的各种计划。这一切都来自于一个小问题。

问这个问题可以让你越来越多，觉知到你所是的空间，并且成为它，无论你在哪里，无论你和谁在一起。你不再需要选择退出策略，定居在一个孤岛上，或在山洞里打坐20年来拥有和平。现在，你就可以拥有它，在最疯狂，最喧闹的城市中。而你是这个空间会改变你周围的人。当你成为那个空间，轻松与和平成为了你，你周围的人就不能再尽可能得坚持自己的疯狂，当你跟他们一同玩疯狂的时候。噢，喜悦。想象一下，我们都可以创造一个怎样不同的世界。

你在做什么来不去觉知？你让自己忙于什么来避免存

在，知晓，觉察和接收？带着你还没有承认的觉知，什么对你和你的生活是真正可能的？

觉知是接收来自任何事物，任何人的所有信息。这并不总是舒服的。你觉知到幸福，悲伤和人们借以运转的一切。有意识和觉知的可能性是，你可以轻松拥有它们一切。你可以接收一切信息，并有利利用它来创造生活。怎么做呢？通过停止假装你有问题。承认一切都没有问题，你所获取的信息只是一个有趣的观点。

你宁愿蒙住眼睛在这个世界上走啦走去，避免你所知道的，并希望有一天你能搞对，或者你想睁开你的眼睛，接收所有信息，以知晓接下来你可以去哪里，来为你创造更大的可能性？

什么是自闭症?

世界上对自闭症有很多误解，和缺乏信息。自闭症被认为是这个实相中的障碍。观点是，自闭症患者是有问题的。

如果他们没有问题会怎样？

与自闭症的人打交道让我在我的教育过程中学到的一切上下颠倒。我很惊讶于信息的缺乏和我被教导的不正确信息。在我治疗自闭症患者的工作中，我发现自闭症患者的可能性和对这个世界的贡献。他们真的与众不同。与众不同在这个实相中并不被认为是一个珍贵的特质。自闭意味着存在和运作的方式极为不同。它意味着一直非常了解他们周围的一切事物，一切人。

"正常"的人通常竖起自己的障碍和防御。观点是，它可以保护你免于你周围发生的一切。它让你安全，让你有自我的感觉。自闭症患者没有这样的防御。

　　提出问题和探索还有什么是可能的，我发现防御的必要性是，它对于运转得不那么好的生活是一种方法。它不创造变化，它不会让事情变得更好。防御让你一直在等待攻击和战斗的模式中。当事物不起作用时，我看着它，并提出问题以获得更多的信息，来知道还有什么是可能的，并且甚至会更加有效。那就是成为实用的。　　（哦，等一下，这本书的题目是实用心理学！）

　　在适当的地方防御事实上给予我们更少的自己。它创造了观点，有可能受到其他人的负面影响，它创造了持续捍卫自己的领土和个人空间的必要性。

　　你有多少在一直捍卫你的个人空间，仿佛你要安全和平静，那是必须的？那对你来说有多么有效？那又有多少让你感到疲倦和孤独，与其他人，地球，自然和自己的身体没有连接？你愿意考虑不同的可能性吗？

　　所有障碍和防御的必要性，以及你创造的固定持有的观点，你同意，保持一致，抗拒和有所反应的一切，你是否愿意现在摧毁和不再创造所有这一切？谢谢。

Right and wrong, good and bad, pod and poc, all nine, shorts, boys and beyonds.

　　降低你的屏障，允许你接收一切，与一切连接。当我改变我的观点，放下障碍的必要性，并允许我自己是脆弱的，我的整个生活发生了变化。我发现降下屏障中有如此大的效力。我比以往任何时候都要更加接近自己。

　　当我与歌手，演员，和渴望自己的声音被听到的人们打交道时，我们经常练习降下屏障，来允许与他们的观众有更大的连接。当他们允许别人看到和体验他们的天赋，然后他们的天赋就被更好的接收。他们的声音会立即改变，而无需学习任何技术。他们展现自己，一切人事物都变成了他们的礼物。这是一个为世界创造了不同可能性的贡献。

我曾治疗过一个女人，她说她很害怕在公众面前讲话。她在我的一个工作坊中走到舞台上，我让她做的第一件事就是降低屏障。她做了，然后开始放声大笑，完全得喜悦。我问她觉知到什么，她说："噢，我的上帝，我一直以为我是害怕被人看到和听到，我只是想从世界中隐藏起来，现在我才意识到，所有的这一切都是一个谎言，我爱说话。而我所以为的恐惧事实上是兴奋以及被看到和被听到的喜悦"。

这个女人后来告诉我，她去了一个大的时装秀，在很多观众面前讲话，享受它，并允许它改变了 她的世界。所有这一切都源于她降低屏障，并允许自己接收自己。

你会发现关于你的什么，当你降低屏障，并接收自己？

不允许你存在，知晓，觉察和接收的全部一切，你是否愿意摧毁并这一切？谢谢。

Right and wrong, good and bad, pod and poc, all nine, shorts, boys and beyonds

连接一切事物一切人，可以一直让你得到你所需要的信息。降下你的屏障有益于你身体所需要的能量。接收一切创造了一个空间，那里你的身体需要更少的睡眠和更少的食物。人们认为能量主要来自于食物和睡眠。真的吗？有多少次你睡了，吃了很多，你仍然很累？有多少次你吃了，后来却感觉更累？你有多么经常强迫自己的身体睡觉，认为这是你所需要的，来拥有应付一切你所需要获得的能量？

那所有的一切，推翻了你的觉知的，关于睡眠和食物必要性的观点，你愿意现在摧毁并不再创造这一切吗？谢谢。

Right and wrong, good and bad, pod and poc, all nine, shorts, boys and beyonds。

放下所有这些观点让你提问，给予你你和你的身体真正需要什么的信息。"身体，你现在想吃东西吗？身体，你想吃些什么？吃多少？"你的身体会给你它需要什么和什么时候需要的觉知。你的身体一直在跟你对话。一旦你开始问问题，并开始听，你会有更轻松的时光，听到它告诉你的一切。

降下你的屏障让你成为你真正所是的神奇。它让你无限的存在和接收。因为你对接收竖起了屏障，你减少了你多少的财务财富？你是否能觉知到你竖起的屏障，并且不知道让什么来进入？他们保护你免于一切，甚至是金钱。他们不知道，他们的工作就是让你渴望的金钱走进你的生活。那所有的一切，你是否愿意摧毁并不再创造？谢谢。

Right and wrong, good and bad, pod and poc, all nine, shorts, boys and beyonds

你开始有感觉你在你的生活中创造了什么屏障吗？它们都是基于你需要他们的谎言。问题：那是真的吗？那个观点让你感到更轻松了吗？它在你的生活中创造了更多还是更少？

脆弱不是种"错误"。它是一种"强大"。它是存在和接收一切，没有任何事物或任何人可以伤害你的观点。它就像是一个棉花糖。一切都会反弹回来。竖起屏障意味着，总是有一些要对抗的事物，这需要大量的能量。没有什么能伤害你，除非你认为，它可以伤害你。再一次，你的观点创造你的现实。

变得脆弱和接收一切，并不意味着你要去承担，或者你一定要抓住他们，随身携带它们或者把它们储存在你的身体中。这意味着，你能觉知到他们，让他们像风一样穿过你。

那一切与自闭症有什么关系呢?

对障碍的觉知给予你关于自闭症患者如何运作的不同观点。它邀请你来到不同的观点，觉知到一切在任何时候都不是"错误"，而是一种"强大"。

自闭是对所有的信息和觉知没有任何过滤和屏障。这有点像没有皮肤。那是头脑清醒的，同时又是全然的。

常见的观点是自闭症患者缺少情绪和感受，并且这是一个障碍。

当你不在思考，感受和表达情感时，你可以多么更加得成为并接收自己?

思想，感受和情绪是依据极性的一好与坏，对与错。你总是在一端或另一端，并且从来没有存在的自由。

你是否愿意发现超越思想，感受和情绪你到底是谁?它是如此的一种冒险。这就是你有所选择，有真正选择的地方。

如果这对你来说是"是"，尽可能多地运行这个除障:

你正在使用什么发明来创造你所选择的思想，感受，情绪和不安?

那所有的一切，你是否愿意摧毁和不再创造? 谢谢。

Right and wrong, good and bad, pod and poc, all nine, shorts, boys and beyonds.

自闭症患者在任何时候都觉察一切，这意味着他们一直获取信息，思想，感受和情绪，以及口头表达的和没有表达的一切。

我有一个朋友，他治疗一个母亲和她的自闭症孩子，他们正坐在客厅的时候，孩子看了看冰箱，没有说话，让母亲知道他想要一些橙汁。母亲得到了信息，在她走向冰箱的途中，她用语言问，他是否想要一些橙汁，孩子开始尖叫。我的朋友问妈妈，“所以你的儿子现在感到沮丧了吗，因为他知道你已经知道他想要什么，而你问了他一个你已经知道答案的问题？“是的”就是那个觉知。他母亲的问题让孩子沮丧，因为他的母亲通过假装不知道她所知道的，来让自己更慢。

这是一个关于自闭症的人如何发挥作用的例子。他们用语言和不用语言交流。语言在他们的世界里不是必需品，他们知道你知道，并且他们知道你什么时候让自己更慢，比你所是的更笨，这会引起他们很多的挫折和发脾气。

有趣的是，自闭症患者的看起来像发脾气和不安，事实上并不是关于任何错误而是一种方式来告诉你某些事物，一个关于可能性的信息。如果我们放下什么有问题的观点，接收我们隐藏其后的可能性，会怎样？

有人说，自闭症是交流残疾。这种观点是有多么的不正确？

我们都用或不用语言交流。有多少次在你拿起电话或检查显示之前，你就知道是谁在打电话给你？当你想起一个人的时候，多少次实际上那个人也在想着你，从你那里需要一些东西，而你的结论是是你在想那个人？

我们比我们所认为的，知道的多得多。思考只是知晓的一个很小的形式。知晓更迅速，更快速。与自闭症患者在一起是奇妙的，也是一种极好的方法来超越语言的必要性，练习你的知晓和交流。

我在我的实践中一直那么玩。我有一个心理测试，用在我的病人身上。我们用它玩。它本不应该是用来玩的—它应该是非常严肃的，但是那对我没有效。我喜欢用它来使人们能够知道他们所知道的。这个测试就像是一个谜;有一幅缺少了一片的图片和五个可以选择的答案，其中之一是图片中缺失的那片。

首先，我问客户哪一个是正确的那一片，这意味着我让他们运用自己的大脑，思考，并找出正确的答案。然后我问，对于他们来说那怎么样，通常的回答是，这很难，或者说，他们的头或他们的眼睛因为专注于画面，并找出正确的答案而疼痛。然后，我们再做另外一个谜题。这一次，我让客户不去思考，而是运用他们的知晓，问这个谜题，哪一片是真正缺失的那一片。

结果是，大部分的时间客户提出的答案是正确的，客户很惊讶那是如何的快速和容易。他们说，他们的大脑告诉他们不可能那么容易，迅速，并且他们应该再想一下再提出正确答案。他们学到的是他们可以信任他们的觉知。然后，我们又做了一轮，我再次要求客户使用他们的知晓，我告诉他们，在我的头脑中有正确答案，他们只需要从那里获取它。这是一个很有趣的方式，来探索获取他人的想法是怎样的。而且它有效。

所以，你有什么知晓和获取别人的思想，感受和情绪的能力，你还没有承认？

所有不允许你存在，知晓，感知和接收的那一切，你是否愿意摧毁并不再创造？谢谢。

Right and wrong, good and bad, pod and poc, all nine,

shorts, boys and beyonds.

当你和自闭症患者交流时，允许自己知晓会很有帮助。当你不再假装比你真正所是的更加愚蠢时，这在它们的宇宙中创造了如此多的轻松和和平。

如果你可以获取你接收的一切，并且把它用作对你生活和身体的贡献，会怎样？那将在你的生活中创造多少更多的轻松？

我曾经治疗过一位母亲，她的儿子患有自闭症，她抱怨他早上没有及时准备好的事实。她使用了她能想出的每一个策略来控制他做好准备，但他拒绝了。

她向我寻求帮助，所以我告诉她通过心灵感应给她儿子照片，就像一个快速幻灯片，关于她想让他做什么，关于那一天会是什么样子。她从来没有做过这样的事情，不知道怎么通过心灵感应交流，所以她认为她至少可以尝试一下。

没有什么可失去的，也并不真正知道自己应该怎么做，在她的头脑中，她获取那一天应该是怎样的图片，并给了她儿子那个下载。这个女人很惊讶，难以置信，那是多么有效。她的儿子放松了，并且在他们必须离开之前刚好及时准备好。他们用那种方式交流，他们的关系也不断改善。

自闭症患者拥有惊人的能力，超出了这个现实可以把握或理解的。他们超越规范来运转，远离我们称之为正常的范围，他们是如此的与众不同，在这个实相中，唯一理解它们的方式，是称自闭症为障碍。

这也适用于多动症，强迫症和其它所谓的诊断。所有这些诊断是物种突变，以不同的方式运作，不合乎情理，人们想了解，弄清楚并解释他们无法理解的，而一切不同的都必须是错误的。有趣的观点。为什么不同必须是错误的？

有什么不同是你所是的，你认为有错的，如果你成为它，那会改变你的一生？

那所有的一切，你愿意摧毁并不再创造吗？谢谢。

Right and wrong, good and bad, pod and poc, all nine, shorts, boys and beyonds.

我写了很多关于自闭症的内容，因为除了精神分裂症和精神病，它是在心理学中最不被理解的现象。那么，如果不把它称为"错误"，我们换一个角度，问："这里有什么实际上是可能的？我们在这里能学到什么，我们还没有承认的？"

自闭症的人不通过思想，感受或情绪来运作。那些对他们没有意义。思考，感受和表达情感是存在，接收，知晓和觉知的较低次谐波。思考，感受和表达情感是存在，接收，知晓和觉知的收缩版本，因为它们基于极性。那里总是有正面和负面存在。存在，知晓，接收和觉察则不同。它们不基于极性。这是我们可以运作的扩展方式。

在这个实相中，我们了解到思考，感受和表达情感有巨大的价值。有趣的是，不正是这个会导致问题，把我们锁在持续的痛苦中吗？超越思考，感受和表达情感，通过存在，接收，觉察和知晓运作很容易。它更快，而且让生活变得更加容易，因为你不再受极性的，好的和坏的，影响了。好或者坏不再是相关的，一切都只是一个有趣的观点，而且你有选择。

对于自闭症患者来说，被迫通过思想，感受和表达情感的较低次谐波来运作是痛苦的。那就像强迫一个大圆球进入一个小方盒子。他们通过存在，知晓，觉察和接收运作的方式令他们非常清楚的觉知到其他人的观点。他们一直很能觉知到他们周围的一切信息。

　　不要问自闭症患者，他们感受如何。如果你问他们，他们将接入身边所有人的感受来弄清楚他们应该如何感受。问他们，他们觉知到了什么。当你注意到他们在收缩，并变得不安，问他们："这属于谁？这是你的吗？"

　　问那些问题对他们创造了巨大的放松，因为他们被赋予力量来知道他们有觉知，而且他们觉知到的与他们自己没有关系。

　　不仅仅对于孤独症患者是这样的。你每天放在肩上的观点和问题，有多少实际上不是你的？

　　你是否愿意放下不属于你的那一切，并把它们还给发送方，而不必知道发送者是谁？谢谢。

　　我治疗过一个患有阿斯伯格综合症的年轻人——一种类型的自闭症——旦他运用询问的工具"这属于谁？"和"这是我的吗？"，来询问每一个他认为属于他的思想，感受和情绪，他的整个世界改变了。他告诉我那为他创造了多少自由，他意识到他是多么的与众不同，而且他没有什么问题，他存在的方式，实际上是一种伟大的存在方式。

　　他告诉我，他觉知到"正常"人用他们的思考，感受和赋予一切很多意义，创造了很多问题。他可能并不总是知道社交方面什么是合适的，但现在当他注意到人们变得不安时，他不再认为自己错了，他只是问："你好吗？发生了什么？有什么我可以帮你的吗？"大多数时候，那都让愤怒的人泄气。

　　他说他经常感觉自己像一个外星人，不明白大多数人在忙乱什么，为什么人们以某些特定的方式反应，但他不会再烦恼了。他对自己感觉很好，并知道只是成为他自己，就是对世界的贡献。

正是那让我的工作有如此多的乐趣。

自闭症，是你无法关闭的一种层面的觉知，但同时你试图找到一种方式来与你周围关闭觉知的人们的精神错乱来共处。自闭症的人没有关闭按钮。关闭觉知在他们的世界里行不通。

那些功能性自闭的人—这意味着他们是自闭的，而且已经学会了让自己看起来正常，过着"正常"的生活—试图弄清楚，他们需要把自己的觉知放在哪里，以便为它适应其他人。他们调整自己。这需要花费大量的能量，需要大量的努力来掩饰他们所知道的，甚至向自己掩饰，来适应别人的现实。

承认这是他们所做的，会在每一次他们与其他人互动时创造很大的自由，以及邀请选择。可能的是与任何人在一起时都要全然得做自己，同时说其他人能够接收的话。你不需要对无法接收的人说你所知道的。他们做的一切就是抗拒你。正如我的朋友Gary Douglas说，"只是为你，只是为了有趣，永远不要告诉任何人。"

永远不要减少你的觉知，来支持其他人的观点。你知道你所知道的，不管别人说什么。如果你能把其他人的想法和感受接收为一个有趣的观点，不把它变为真实的或者重要的，并且知道你所知道的，会怎样？

有一天我在机场，准备登机。工作人员非常紧张，希望我能走快点。有一秒钟，我在路上，很着急并且走得更快了，我把工作人员的观点变成了实相。然后，我问自己我知道什么，就接收到觉知，我们有时间，承认了我的知晓，并放松了。显现的是工作人员也开始放松了，一切都很好。飞机起飞之前有充足的时间。

承认你所知道的在你的生活和其他人的生活中创造了更多的自由和轻松。在这个空间中，您不再扔掉你的觉知来支持别人的观点。

精神分裂症和精神病

精神分裂症和精神病被认为是更严重的精神疾病。他们首先应该接受药物治疗。没有传统的治疗方法可以根治精神分裂症和精神病。

有这些诊断的人听到其他人听不到的声音或者看到其他人看不到的东西。他们通常很为此感到很困扰。通常的观点是，这些人一定是生病了，他们一定有问题。那个答案对进一步的探索没有留下任何余地。难怪没有治疗方法可以促使不同的可能性。

来为有些诊断的人创造不同的功能性现实，我们必须从提问开始。它是什么？它有什么是可能的？需要什么来为这些人创造不同的可能性呢？

我看到过患有精神分裂症和精神病的病人。其中一个是一名年轻女子，她总是听到声音，并且看到其他人看不到的人。她可以看到和听到那些死去的不再有肉体的人。她可以跟她已故的祖母交谈。当她在厨房里做饭时，她能感觉到有人拍她的肩膀，想跟她说话。

问题在于她认为自己错了，病了，她不得不切断她对于她真正能力所在的知晓。当她告诉我关于这些声音，以及她看到了什么，她花了很大的勇气，我问她她是否具有天赋和能力可以觉知到那些没有肉体的存在，而她还没有承认。她笑了，开始大笑，她和她的身体放松了。她的整个宇宙轻松了，她比以往任何时候都更加敞开进入自己，以及自己真正能力所在的大门。她放开下了有什么不对劲的观点，她能够探索和享受她的天赋。她不再需要精神病治疗。

大多数治疗确诊的精神病和精神分裂症患者的人，都大概觉知到发生了什么，但他们从来没有允许或不敢承认这一点，因为它完全超越了正常的一切。

现在是时候，我们要勇敢，看看真正发生了什么，而不是追逐什么是"正常"的或被科学证明的这个故事了吗？如果我们不能帮助人们，把正在发生的一切变为更好的事物，那些我们被教导的模型和理论又有多么好？如果它不起作用，就提问和探索不同的可能性。要务实。要清醒。要足够勇敢去超越常态看得更远。

跟随他人所说的，科学所说的，其他理论所说的，是在维持现状，维持人们认为正在发生的一切。承认真正发生的一切，有潜力创造可能性，让人们能够知道他们知晓。它有潜力创造一个不同的世界和可持续的未来。

灵体

在精神病学领域工作，这样的事每天都会出现，无论你是否治疗确诊的精神分裂症和精神病患者。灵体，意思是没有肉体的存有，一直在跟我们说话。很多人最终接受精神病治疗，因为他们觉知到灵体，并且缺乏关于如何处理它们的教育。一旦他们学会如何处理他们所觉知到的，诊断和精神病就不再相关了。他们可以对他们觉知到的一切有和平和轻松的感觉。

很多令人费解的情形下，人们突然崩溃，你可以提问那是否与灵体相关。吸毒，喝很多酒，或者选择不觉知的人放弃自己的身体，租借给别人，灵体可以进入，并进行接管。

最近我治疗了一位女士，她的哥哥打电话给我说，他的妹妹突然判若两人;她打电话给人们，对他们说怪异的内容，只是坐在家里，他不知道该怎么办。他让我对她进行检查。

当我去她家拜访她，她打开门，她整个的表情很困惑，她确实不太正常。于是我坐下，问她发生了什么。我问她现在是否愿意放下不允许她做自己的一切。她说是的，那确实是是的。人们常常对放下说是的，但他们的意思却是否定的。

当她说话的时候，我能量连接到她身体中的灵体并消除了它们。她看着我，微笑着向我表示感谢。原来在她的身体中一直有这些灵体，但某些事物引发了它们，她选择这个时间让它们走。第二天她来到办公室，完全改变了，重新恢复了正常。

如果我运用了正常的心理学，她将被转移到医院进行住院治疗，她将接受药物治疗。那会为她创造些什么呢？

我所做的奇异又古怪，但它有效。那就是务实，做有效的。

有些人是所谓的门户，这意味着他们对灵体来说是一扇敞开大大门。精神分裂症就是那样的情况。他们在某个时间点选择成为门户。实体就像在高速公路上的汽车一样穿过他们。你可以看到，当你跟一个人说话时，突然间就好像你在对另外一个人说话，然后过了一会儿，你注意到又有另外一个人。如果一个人选择放弃成为门户，关闭门户是非常容易和快速的。建筑物也可能是门户。那些地方，你忽然变得头晕或注意到一些奇怪的事物。只是读到这儿的时候，你就能觉知到我所说的能量。

问问自己，你头脑中有多少想法是你自己的。当你很难决定做什么的时候，有一个声音告诉你去这个方向，另外一个声音希望你去另外一个方向，或者一些声音以"

你"的形式对你说话，问问自己，"我觉知到的这些是灵体吗？"你怎么知道它是否是灵体？提问："真相，我是否觉知到了灵体？""是"或"否"让你感到轻松了吗？让你觉得轻松的那一个对你来说是真实的。

灵体喜欢居住在人的身体中。一个或多个灵体在一个人的身体内部是很常见的。那不是一件可怕的事情。灵体并不比你更强大。你是有身体的那一位，你掌管一切！

如何清楚灵体？

通过连接到你想放手的灵体，并使用这个除障句：

真相你是谁，真相在那之前你是谁，真相在那之前你是谁，真相在那之前你是谁？（你这样说，直到能量发生变化。）

真相你在未来会是谁？谢谢你，你现在可以走了。

所有在体内的磁场印记，销毁并不再创造它们。

Right and wrong, good and bad, pod and poc, all nine, shorts, boys and beyonds.

通过询问"在那之前你是谁？未来你将会是谁？"你让灵体及时脱离它们现在的位置。磁场印记是灵体通过在那里存在在你体内创造的印记。

双相障碍症

双相障碍症过去有一个不同的名字，被称为躁郁症。这里人们有抑郁症（低沉）经历和躁狂（高昂）经历。

当我治疗被诊断为双相障碍症的人时，我总是问自己，"真相，这真的是双相障碍症吗？"很多次我的知晓说这不是双相障碍症，即使这个人已被确诊。那仅仅是被误解的，比正常人更快乐的人。太过快乐让人们怀疑你有问题。

你有多么抑制你的快乐和幸福，来看起来不疯狂或者不是太过于疯狂？

那所有的一切，你是否愿意摧毁并不再创造？谢谢。

Right and wrong, good and bad, pod and poc, all nine, shorts, boys and beyonds.

我知道这一切都太简单了：问一个问题，找出哪些是真正发生的一切，而不是相信别人通过给病人诊断，而创造的结论。

低沉的时期，或抑郁症，很多时候是人们对他人和这个现实的愚蠢的觉知。我遇见的太多客户都只是简单地觉知到世界上正在发生什么，并相信那是他们的，把它创造为他们的，从而让自己收到它的影响。使用“这属于谁？”的工具创造了一个巨大的转变，因为它承认了，他们认为属于自己的悲伤实际上跟他们没有关系。

一个个案可以改变一个人的生命。只是通过提问和确认那是什么。

对于那些被诊断为双相障碍的客户，我提问并得到一个“是的”这是双相障碍症，我发现的是，这些客户在创造一个冲突的宇宙，这意味着他们持续生活在一个非此即彼/或者的世界中。我的一位客户在性的方面创造了一个冲突的宇宙，她想有很多性，并且同时又厌恶性而想成为一名修女。

双相障碍症是通过想在这里，不想在这里，想有个身体，不想有个身体，来不断创造分离。在高昂的时期，一切是如此美妙，让人感觉他们终于成为了自己。是的，他们在某种程度上是他们真正所是的喜悦，但同时，他们把那个喜悦创造为一个状态，一个地方，他们必须到达那里去实现那一喜悦，而不是成为对他们已经所是的，和平的，毋庸置疑的确认。促使客户存在，知晓，感知和接收，可以创造一个巨大的变化。

喜悦不是一种要去到达或者实现的状态。它是我们已经所是的。当你开始承认那一切，就没有必要努力成为快乐的，或者试着感觉良好，或者向自己证明你是快乐的。你放下快乐的狂躁的部分，你会带着伟大的平静变得开心。真正的幸福，是觉知到一直存在着扩展的可能性。

在精神病学领域，关于多动症和双相障碍症有很多不明确的地方。这存在着一定的相似之处。两个群体的人都非常有觉知，并有超越常态的起伏。我发现的是，确定诊断并不是真的相关，因为这通常是一种寻找答案的方法。相反，它有助于对每个人拥有觉知，觉知发生了什么，这个人以何种方式创造着他们的限制。它主要是关于冲突的宇宙，还是他们不知道如何处理自己的觉知，或者两者都有，或者是其他什么东西？

问题会引领你知道发生了什么，并引领你来到存在的选择，创造一个不同的未来。

第十二章

脱离虐待

很多人都体验过不同形式的虐待。性虐待和言语虐待是最广为人知的虐待。我们每天都以很多其他不同形式对自己施加虐待，就像过度思考：比必要的更多得使用你的头脑，来确保你判断正确而非错误；摄入的食物超过身体所需，也不询问自己的身体是否想吃东西，想吃什么，什么时候吃，通过这个实相的答案来生活，而不是去提问。

你每天用于自己以及自己身体的个人最爱虐待工具是什么？你愿意释放它们，并重新发现一个不同的方式来愉悦自己吗？你用了多少那些虐待的方法来让自己保持忙碌，来适应，来像其他人一样，来不如自己真正所是的那样有潜力，来干扰自己创造你真正的生活？

那所有的一切，你是否愿意完全摧毁并不再创造？谢谢。

Right and wrong, good and bad, pod and poc, all nine,

shorts, boys and beyonds.

虐待在这个实相中是一种操控状态。我是什么意思呢？让我们来做个小实验。我们在谈论心理学。没有实验的心理学会是怎样呢？

我的心理学更像是玩耍实验。你要加入吗？

接入虐待的能量，也就是允许自己下载虐待的能量。你不需要观想，或者做任何事，只要觉察虐待的能量是怎样的。感知那个能量在体内的感觉。现在，你的哪个部分在收缩？哪个部分感觉紧张？你现在有多少空间？

现在，感受一下这些能量中有多少是这个实相的能量？在这个实相中一切都是关于顺从，正常化，要正确，像其他人一样，做正确的事，过着正确的生活，有正确的工作，和正确的男人或女人在一起，有正确数量的钱，避免犯错，避免失去。现在你在你的身体中觉知到多少收缩？

女士们，先生们，欢迎来到这个实相。如果你现在行动，你就能以自己为代价，在这个实相牢狱中被判终身监禁。对我来说，这是个小玩笑……或许不是玩笑。

你要多么虐待和折磨自己，来成为这个实相的一部分，并让自己感觉融入了这里？

那所有的一切，你是否愿意完全摧毁并不再创造？谢谢。

Right and wrong, good and bad, pod and poc, all nine, shorts, boys and beyonds.

现在，释放虐待的能量，以及你刚才为了知道什么是虐待而连接的每个人的能量。谢谢。

由于你释放了那个能量，你更放松了吗？这个练习让你看到，你一直都对能量充满觉知，你可以随时接收它们，再释放它们，无需努力，或者费劲，仅仅通过选择就可以。你越多得尝试，它就越容易。

下次你面对虐待的能量时，不管它是以人还是某种情境的形式存在，对自己说，"啊，这个能量又来了，现在我想要选择什么？"由于你觉知到它是什么，所以你不再会再自动让自己受它影响了。对正在发生的一切的觉知，为你创造了不同的可能性。

我曾经与一个男人谈恋爱，他告诉我他是多么的爱我，多么的欣赏我，我是他生命中发生的最好的事，只不过每当他这么说的时候，我感到恶心、沉重而且非常生气。有一段时间，因为当他向我表达爱意时，我并不开心，我认为自己错了。当他告诉我，他是如此爱我时，我怎么能如此生气呢；我是多么的有错，可怕又冷漠啊？

在我经历了一段时间这样的折磨后，我终于变得足够聪明来使用我的工具了。于是我问，"发生了什么？我在这里觉知到什么，但我却没有承认？这里有什么谎言正在发生，被说出的或者没有被说出的？"当你生气时，提问是什么谎言是很好的问题。

没过多久，我就从另一位朋友那里得知，宣称如此爱我的伴侣，实际上对我以及我在这个世上所做的一切恨之入骨。当我得到这个信息时，我再一次感到轻松，愤怒也消失了。我觉知到，每当他告诉我他多爱我时，我之所以生气，是因为我感觉到他在撒谎，他根本不爱我，而是在评判我的存在。觉知为我创造了很多空间，我自问道，"这是我想与之相处的人吗？我还能选择其它什么人或事，来扩张我的世界？"

觉知正在发生的一切，不把它视为错误，会创造可能性和选择。

虐待——你是一个疗愈者吗?

我有一位客户,建立有效的亲密关系有困难,也很难享受自己的身体和性爱。在我们的个案中,她第一次开始认识这位对她友善,又很尊重她的男士,她和她的身体也能够放松了。她告诉我,她已经准备好去看自己的身体到底发生了什么,以及她无法享受性爱的困难。

我问了她一些关于这些困难什么时候开始的问题,她说大概是当她还是少女,被他人强暴的时候。从那以后,她不再喜欢性爱,对自己的身体也有种厌恶。我问她,她把多少强暴者的愤怒锁到了自己的身体里,并且从那时起,就一直抓着不放。当我问她那个问题时,就好像她的整个宇宙爆炸了。她说,"天呐,那正是我一直在做的事。"

我们谈论了这个男人对女人有多少憎恨,我问她是否想疗愈他内在的憎恨。她说,"那是有史以来最奇怪的问题之一,但它却完全让我感觉轻松了很多。"她通过她所做的选择觉知到,她终结了这个男人一直在创造的虐待循环。

你可以问的一个问题是:

在受到虐待时,我有什么觉知和力量,我没有承认?

她是受害者的观点锁住了她,并且不允许她的身体享受被碰触,这限制了她接收的能力,这也体现在她的财务状况中。她也觉知到她的疗愈能力,而她一直用它来对抗自己。她开始觉知到她身边所有以愤怒、暴怒和厌恶做为主要运作方式的人。她知道自己有这样的能力,可以将那一切从那些人的宇宙和身体中带走,然后由于没有承认她所做的一切,她把那一切锁到了自己的身体中。

当我们对到底发生了什么提问时,她就能扩张自己的觉知,知晓她拥有什么疗愈能力,她现在可以充分利用。在我们的个案之后,她告诉我,这改变了她的整个人生和她的身体。她的男朋友也告诉她，他不知道发生了什么，但甚至他身体的整个存在方式和性爱方式都改变了。

我分享这个例子，是因为其中有很多方面你都可以使用。你有多大程度上是一个疗愈者，并且你的一生一直把疼痛和痛苦带出他人的宇宙和身体中？这让你立刻更加轻松了吗？你的身体放松了吗？你刚刚深呼吸或叹气了吗？或者那为你改变了什么吗？

这些线索表明，这里有一些东西对你来说是真实的。当你在生活中，不断从他人的身体和宇宙中带走疼痛和痛苦，并且没有觉知，那你就让自己失去了选择，并且让自己被周围发生的一切影响。一旦你意识到自己的能力，你可以充分利用它，开始用这样的能力创造自己的生活，而不是虐待自己。

以前，每当我去酒吧时，我就感觉像是喝醉了。没喝一口含酒精的东西，我就感觉头晕，感觉完全喝醉了。我最后问我的身体，发生了什么，我的身体觉知到了什么，我的身体有什么我还没有认可的能力。（顺便一提，这是很好的问题，我建议你这样问自己的身体。）我认识到我的身体有能力把酒精从他人身上带走。一旦我意识到那点，我就可以让我的身体不要一直那么做，或者如果它还是要那么做，那就是因为这对我来说简单和轻松。从那之后，我再也没有任何困难待在喝醉的人周围。如果我选择了，我可以驱散他人身体里的酒精，或者我不会这么做。现在，它是一个选择。

你和你的身体有什么你尚未认可的能力，如果你可以认可它，那将会给你完全的自己？

所有不允许你去存在、去知晓、去觉察和接收那些的那一切，你是否愿意摧毁并不再创造？谢谢。

Right and wrong, good and bad, pod and poc, all nine, shorts, boys and beyonds.

当你觉知到自己的天赋和能力后，你就可以开始充分利用它们，而不是成为你不愿知晓的关于自己的一切的受害者。

每当你让别的人或事物比你更强大或更有价值时，你就是在自我虐待。有多少次你得出结论，认为别人比你知道的多，所以你就根据那个人所受的教育或社会地位来创造理由？"哦，他是一位医生，他一定比我知道的多。"

你正在使用你的什么创造，来服从、免除和消解自己的觉知和选择，以迎合你选择的他人的实相？

那所有的一切，你是否愿意摧毁并不再创造？谢谢。

Right and wrong, good and bad, pod and poc, all nine, shorts, boys and beyonds.

每当你说别人比你知道的更多时，你就关闭了自己的觉知，限制了你和你的人生。

知晓你知道，并能觉知到你和你身体的能力，能带你脱离虐待，并且打开通向无限选择的大门。

欢迎来到这次冒险，它的名字叫做"你"。

第十三章

抑郁——你的伟大

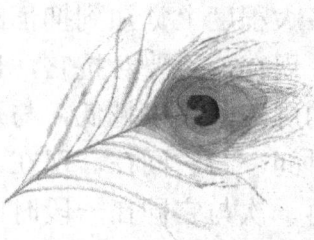

"只要你在呼吸,你就能重新开始",这是在写这部分时,我在听的歌。如此真切。

抑郁是人们寻求精神病学治疗和心理咨询的主要原因之一。大多数人在他们人生的某个节点上,都曾抑郁过。这是一种状态,这种状态下的人会认为一切都不再有乐趣,一切都没有办法改变。人们会说,他们甚至没有能量迈出一步,去创造不同的事物。

我的客户经常说他们是自己抑郁的受害者,他们尝试了一切,一切都没用,他们太累了以至于不能改变他们的状态。有时,我会遇到一些客户,他们太抑郁以至于不再说话了。

抑郁是缓慢死亡的一种方式。这是一种状态,这种状态下人已经放弃了自我,并屈服于这个实相中的限制。一种慢性自杀。我怎么会这么说?好吧,那你自问一下,是抑郁掌控了你,还是人们选择去抑郁?没错,他们选择了抑郁。这是一种被动的存在方式，也是一种主动的选择，但却不是有意识的选择。抑郁的人选择屈服于生命中的限制。他们可能都没有觉知到这个事实，是他们选择了这一切。他们的观点是，宁愿自己没有选择。

读这个信息时，你的宇宙和身体发生了什么？现在，你和你的身体有多大程度上觉知到抑郁的能量？这个能量对你来说熟悉吗？现在，不要对抗它，也不要试图让它停止，降低你所有的屏障，越来越低，与那个能量完全在一起；给自己一段时间，与它同在。现在，加强这个能量，甚至更强，然后再一次与它同在一段时间，一分钟，或是几分钟，甚至更长。

什么改变了？

在你与抑郁的能量同在一段时间后，我建议你把自己的改变写下来。你注意到你让这股能量比你强大了吗？那只是一股能量。那么，抑郁有多么真实，你又通过同意并对齐抑郁是真实的这个观点，把它变得有多么真实？

假如抑郁只是一个有趣的观点，会怎样呢？

抑郁的能量对你来说很熟悉吗，那是你称之为人生的能量吗？你是否把这个能量定义为你是谁？再一次，你的观点创造了你的实相。如果你将抑郁的能量定义为你是谁，那你就把自己创造成抑郁的。对自己说，"有趣的观点，我有这样的观点"，重复再重复。

那些所谓抑郁的人通常捕捉到他人的悲伤，并且通过承担它，把它锁进自己的身体中来改变这些悲伤。觉知到事实上你可以觉知到其他人的悲伤可以为你带来很多改变。

抑郁并非必须看起来是某种样子。有时人们看起来很开心，似乎很开心，但他们却不开心；他们实际上很悲伤，并且你能觉知到这一切。你有多少次认为自己错了，当别人看起来很开心，笑得很多，而你却觉知到他们实际上并不开心，你觉得自己觉知到他们的不开心，一定是有什么问题？

那又有多大程度上你会觉得这个不开心是你自己的，也因为你在看起来"开心"的人面前不开心而认为自己错了。你只是在看到他们假装开心的笑脸时，觉知到真正发生的一切。如果你不是那个不开心的人，会怎样呢？

你和你的身体拾起了你周围的不开心，如果你不提问，你就认为那个不开心是你的。你认为不开心的是你，然后你告诉自己，你不开心，于是你就寻找证据去证明那个观点是真实的，就像，"看，我皱眉，这意味着我不开心。看，我眼睛里有泪水，这意味着我很难过。"你可以提问，"这属于谁？真的是我不开心吗，还是我觉知到了其他人的不开心？"绝大多数时候，你拾取了他人的不开心，认为并得出结论这就是你的。

当我问我的顾客，他们成长过程中周围是否有抑郁和不开心的人，大部分人的答案都是"有"，有的人说"没有"。更多的提问创造觉知，觉知到确实有人看起来开心，假装很开心，实际上却不开心。承认事实上他们的成长过程中可以觉知到身边的不开心，事实上这些不开心不属于他们，让他们的整个宇宙都轻松了。

人们花费了自己的一生，通过承担别人的不开心，把它锁进身体中，让它成为他们的，来试图让他人开心。你有多大程度上一直在对所有人那样做？这是你用来创造你人生的能量吗？这与你没有关系，跟创造你想要的一切也没有关系。这是通过他人的实相来创造你。这是捍卫，拯救他人的实相，而不是创造你的实相。

没有必要评判自己那样做。现在开始觉知到这一切，你该是多么庆幸？知道你大多数时候都在这么做，会给你选择的礼物。现在你就可以，在你人生中的每一刻，觉知自己是否在认为他人的实相是自己的，并且在他们对改变毫无兴趣的情况下疗愈他们？你也可以只是觉知到周围发生了什么，对此不带任何观点，并且开始创造自己的人生。

你有一个难题。你基本上是一个快乐的人，但是你却向所有的人隐瞒了那个问题，包括你自己。

觉知到他人的不快乐并试图去疗愈并不是一个限制；这是你的能力。认可你的伟大，认可你是如此有觉知，认可你去快乐的能力。那让你感觉更加轻松吗？记得让你更加轻松的，对你来说就是真实的。仅仅因为你感受到一些事物，并不会让它成真。你认为你觉知到的一切都是你拥有的感受，那是你的，这样你就能和其他人一样，你就能和其他人一样不开心，于是你就可以成为正常的了。那是多么有趣？

一切都是一个选择。抑郁是一个选择。如果你选择抑郁，你选择它，因为选择抑郁比选择开心更能让你开心。

很长，很长一段时间，我都没有意识到这一点。我试着让它逻辑化，但它并没有逻辑。我总是认为我必须解决我所有的"问题"才能快乐。我认为，当我解决了我所有的难题时，当我弄清楚我为什么不开心时，当我明白了不开心的原因时，我就会拥有快乐。但越来越多的问题出现需要解决，因为我已经决定了自己的工作就是为自己和他人解决问题。选择它作为我的工作，会有更多的问题出现，因此我才能够保住我的工作。现在那只是个有趣的选择。

　　我现在正在改变它，并且问自己，"我可以怎样把自己觉知到的一切用作喜悦的源头？我现在还可以选择什么来改变一切？"

　　不开心和抑郁是一个选择，这个选择没有问题。无论什么原因，它都对这个人有效。承认它是一个选择，创造了一个你可以随时改变自己选择的空间。

　　当你不选择与自己对抗时，快乐是你可以选择的自然状态。

　　快乐的存在就是做自己。

　　如果你很快乐，你就是一个魔法会出现的空间，那里任何事物和任何人都能为你贡献。你意识到，你绝不孤单。你成为了一种振动，允许更多的自己和更多的快乐来展现。

　　你可能会说，你不知道如何变得快乐，或者如何改变自己的人生。那不是关于如何的。通过要求你的人生改变来选择不同的事物，是让一切改变的关键。

　　现在就开始要求你自己去成为和接收更伟大的事物，怎么样？

你每时每刻都拥有选择

　　每时每刻，你都在选择。要觉知到一个事实，即你对你所做的一切都有选择，即便是走向冰箱，选择拿出一瓶可乐。你并非不得不选择——而是要开始选择。选择是你的特权。选择创造你的实相。开始在十秒递增中选择吧！现在，你在选择什么？十秒钟结束了。现在你正在选择什么？

　　这并不在于选择什么是正确的，或者是最好的。而是在于不管是什么，都去选择。没有比其它选择更好的选择，它们只是不同的选择而已。你必须亲自去做，才能理解我所说的一切。

走出去，去选择吧！细嗅花香。十秒过去了，你现在正在选择什么—继续嗅闻还是选择其它事物？实践一段时间，你就能觉知到一个事实，即你拥有选择，你所做的一切，你所成为的一切，仅仅是一个选择，没有对错。这可以让你走出你已经决定了自己没有选择能力的困境。选择就是创造，它创造了你生命中的行动，引领你获得更多的喜悦，以及你所渴望的一切。

你和你的身体能成为怎样的能量、空间和意识，来允许你成为你真正所是的选择和创造的喜悦？

所有不允许这出现的一切，你是否愿意摧毁并不再创造？

谢谢。

Right and wrong, good and bad, pod and poc, all nine, shorts boys and beyonds.

第十四章

行尸走肉

在精神病学领域，很多人都想过死亡和剥夺自己的生命。其中一些人试图自杀。瑞典的精神病学界有所谓的"自杀零容忍"，意思是自杀绝对不应该发生，并且从业者，不管他们是医生、疗愈师还是社会工作者，都应该致力于确保病人不会自杀。这基本上是一个观点，自杀是错误的，只要涉及到病人和从业者，自杀就是一种失败。在其他国家，也有类似的观点。

活在这个世上，在精神病学领域工作，看着人们如何运作，我经常好奇，人们有多大程度上真正得活着。大多数人存在着，每天都在做几乎一模一样的事情，好像处于自动驾驶模式，好像那就是存在的一切。他们的身体很疲惫，他们的头脑里充斥着评判和结论。

那跟活着有什么关系？那个死亡的能量有多大程度上是一种慢性死亡，慢性自杀？对什么是可能的，什么是不可能的完全下定结论，并将其投射到未来，有多少人事实上是行尸走肉？生活在何处；冒险又在何方？

当我们在精神病学领域中谈论不要自杀，而每一天人们到处都在进行缓慢且痛苦的自杀：他们对待自己身体的方式，他们相互对待的方式，他们开始一段关系时，切断他们完整的自己的方式，他们试图成为"正常人"并试图与其他人一样的方式。他们对将要发生的一切下定结论，而不是对还能发生什么提问。

试图自杀的人常常比我们周围那些仅仅过得去，存在着，尝试成为正常人，试图生存的人有更多行动。没错。就是生存。在你认识的人中，有多少人不仅仅只是生存，又有多少人做得仅仅足够过得去，不会做得更多？

也许你读到这段话时会感到不安，因为这并不符合这个实相的观点。假如一切都没有错误，会怎样呢？假如只想过得去，或者试图自杀，或者活着都没有错，会怎样呢？

如果一切在于觉知你在生命中创造了什么，以及去选择你真正想要的，会怎样？

假如你能走出死亡，开始生活并繁荣发展，会怎样呢？

一切都与其表象相反，也没有什么与其表象相反。

你在选择什么？生存还是繁荣？

第十五章

你真的想改变吗?

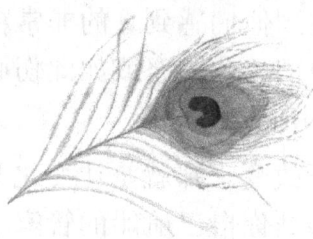

现在这一部分是为真正的勇者准备的。

有多少次你说你想改变，尝试了各种技术，然后经过短暂的一段时间，最终又回到了旧的方式和相同的旧模式中？问题是，你真的请求改变，还是你只是想要改变吗？

"想要"的意思是缺乏，如果你在1920年前的字典中查阅的话。所以你真得渴望改变吗，你真的选择改变，还是你想要（缺乏）改变？

我听到我的很多客户说，他们想要改变，他们大多都不愿意有真正的变化。真正的改变意味着完全不同的事物，意识到处事的老办法不起作用，并愿意接受完全不同的事物。大多数人都希望有一个老样子的不同版本。那绝对没有什么错误。这是我们被教导的方式。

我们已经了解到，事情就如他们所是；行为，关系，人，是的，这个实相中的一切就是如此，在一定程度上改

变那一切是可能的，但不会更多了。我们从来就没有学着
去要求真正的变化和不同的实相。

"不同"意味着放下不起作用的一切，向过去并不存
在的新的可能性敞开。这是一个选择。一个主动的选择。
有些人在改变对他们不起作用的一切之前，会等待很长时
间。他们等待，直到他们感到真的非常糟糕，直到他们的
身体受伤，直到他们如此愤怒或如此伤心，以至于他们意
识到，事情必须有所改变。

事情必须有所改变。那就是让变化开始的要求。一切
在你的掌控下。你是你自己航船的管家。等待信号灯变绿
或者有人来为你做这些，需要大量的等待。那真的对你有
用吗？等待真的是你最好的天赋和能力？或者是时候，你
来请求一个完全不同的可能性？

看那些得到他们想要的一切的人们。难道他们会
说："哦，请问我可以也许拥有那个吗？"或者他们会
要求他们想要的一切展现出来？他们是以自己的存在要求
它，并总是期待它展现出来。选择成为要求的能量，选择
接收，需要你付出什么呢？

是的。接收是那个游戏里一个很大的部分。你多大
程度上被那些主意洗脑了，改变需要花费很多时间，需要
做很多工作，你是一个不能拥有你想要的一切的人？这些
是你的想法，还是你一生都在被喂养的关于这个实相中不
可改变的规则的观点：一切都如他们所是，一切都保持不
变，改变是一种威胁。

如果那没有什么不对，如果你只要承认这个实相和你
的实相是不同的，会怎样呢？是什么让你感到更加轻松？
事实是一切都保持不变，只有轻微的变化，还是你可以如
你所愿得创造和享受你的实相，而一切都是可变的呢？你
知晓什么呢？

我没有问你怎么想，你的大脑怎么说。我问你知晓什么。你所知晓的比你的大脑处理信息的能力更快。我所要的，是你一直都知道可能，但从没允许自己成为的，因为你周围的人们告诉你这是不可能的。清除所有那些观点——一切来自于他人和这个实相的关于如何和为什么事情不可能的观点——允许你在你的人生中第一次接收。接收对你来说可能的一切。

提问，你就会接收。提出一个问题，并且允许自己接收。要求宇宙向你展示你真正的能力所及。要求在你的生活中有更多的轻松和喜悦。要求你的金钱状况改变，并询问需要付出什么。要求有趣的关系，和性关系。要求你的身体改变，并且享受它。

当我们要求一些不同的事物时，它会显现它显现的方式，以及它何时会显现。它的显现总是不同于你的想法。如果它以你认为它应该显现的方式显现，它就不会是一个不同的可能性，它就只会是你已经在生活中拥有的事物的小改变；它会是你的大脑可以计算并投射到未来的事物。它就像是可视化，这意味着它不会超过你大脑想象的能力。

要求一个不同的可能性，意味着要求它，并放下它，允许整个宇宙对你做出贡献，让它可以以超越你想象的方式显现出来。你对此感兴趣吗？

唯一需要做的就是释放你所有关于它应该怎样或何时显现，以及当它显现时，如何及何时接收的观点。我说接收它的时候，意思就是接收它。很多人评判宇宙给予他们的礼物他们不够好或者不像他们预期的那样。没有期待，没有评判或计算可以让你真正得接收。

改变处方的下一个部分是，无论如何及无论何时它显现时，都表达感恩。感恩是完全的允许一切。当你感恩时，你不会评判。当你对一个人心存感恩时，你允许他们

成为他们所是的样子，不期待他们改变。当你对你接收到
的一切感恩时，当你对你所创造的一切感恩时，你正在为
让它变得更好做出贡献。从那个感恩的空间，从你感恩的
一切中，你可以要求更多。提问：

现在还有什么其他可能？

怎样可以比这样更好呢？

第十六章

精疲力竭还是燃烧起来？

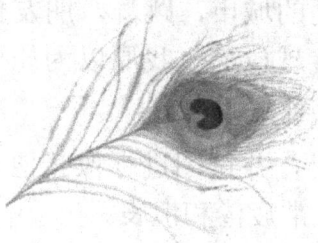

"**噢**，天哪，我有这么多事要做，我是如此紧
张，我觉得我要精疲力竭了。"我听过如
此多的人，谈论他们有多少事要做，他们又是多么没有时
间去做他们已经决定必须要做的事情，而那又是多么让他
们有压力，他们感觉又是多么糟糕。那其中有什么听起来
很熟悉吗？

我们学到的是，有一定数量的事情，是人们可以做
的，如果我们做得比那还要多，我们就做的太多了，我们
会变得疲倦并最终得病。而极限在哪里，对每个人都是不
同的。

你把你的极限设置在哪里？在你决定那太多之前，你
可以有多少项目一起进行？

那其中有什么是真实的吗，或者那是人们创造的观
点，告诉他们，何时足够？

以我为例。我在精神病学领域是一位临床心理学家。

我会见病人做个案;我在诊所领导小组会议，做神经心理学测试。与此同时，我运营着一个全职的生意，包括旅游，举办一到五天的工作坊。目前，我自己做了所有的文书工作：网页，客户沟通，组织，预订，报账和做为生意一部分的其他一切。我还腾出时间来照顾自己，以及我的身体，享受探索不同的城市，跳舞，朋友聚会。我有越多的事情在进行，我就越放松。我原以为如果我有很多事情在进行，我会疲倦或者精疲力竭。

当我放慢自己，并试图进行像其他人一样或多或少的事情时，我感到非常疲倦和沮丧。

现在，我总是问，"我还可以添加谁或者什么到我的生活中？"我越增加，我越有更多的项目在进行，我越有能量。为什么？有很多事情在进行符合我的振动频率，并且可以刺激我有创意。

你呢？你已经承认对你和你的身体起作用的一切了吗，或者你在相信其他人关于什么可能，什么不可能的观点？

你是否有过一个项目，你是如此的受鼓舞，以至于你为它工作一整天，都忘了吃饭？你没有吃，因为你的身体并不需要。当你在做对你有乐趣的事情时，你会产生能量，而你的身体会从中接收它所需要的能量。那就像一个发动机一直在运转。还有一个观点是这是危险的。只要你倾听你自己和你的身体，那就不会有危险。只要你知道什么时候应该继续工作，什么时候应该去大自然中跑步或散步，什么时候应该睡觉，什么时候应该吃东西。

你的身体知道它需要什么，当你开始提问时，它会告诉你。让你感觉轻松的是正确的。在这个游戏中，你不可能做错。从选择一些事物开始，看看它进展如何，觉知自己，然后如果它是轻松的，那就继续;如果不是，那么选择其它事物。容易？太容易了？

我还可以添加谁或者什么到我的生活中？

　　精疲力竭是基于这样的理念，即缺乏能量。能量是不会缺乏的，只会有一些观点不允许你进入那些可获取的能量。你是否觉知到，你的身体在线粒体细胞中有足以让旧金山大小的城市运转三个月的能量？那就是你的体内有多少可用的能量。然而，你表现得好像你必须一直疲倦。你是否曾经接触到你所有的能量？

　　疲倦以及你的能量是有限的，是一个创造限制的观点。向你的身体提问它需要什么时候睡觉，以及需要睡多久怎样？可能每一天都会不同，但是，我们已经学习到，我们每晚总是需要睡6-8小时。然后人们想知道为什么他们在半夜醒来，无法入睡。那么，询问身体是否需要更多的睡眠怎样？如果不需要，起床，读书，写作，享受夜间时光和它的寂静。伟大的观点可能在那个时候到来。

　　当其他人都睡着了，应该提问：

　　我想产生和创造什么，做为我的未来？什么对我来说是真正可能的，而我还没有承认的？

　　当其他人都在睡觉，他们的思想很安静，你会更加容易进入，你觉知到的你和你的生活的更伟大的可能性。提问：

　　还有什么是你想要创造的，能够让你的心灵歌唱的？

　　如果没有匮乏，没有限制，还有什么是你想添加到你的生活中的？如果你不需要选择一个家庭或一份职业，或这或那，会怎样？如果你可以拥有这一切，并使其发挥作用，会怎样？如果你需要什么都自己做，会怎样？你还可以把添加到你的生活中，为你想创造的一切做出贡献，而且那对于这些人也是一种贡献，会怎样？增加你的生活会增加能量，开始选择将创造关于对你来说什么可行，什么不可行的觉知。

你和你的身体可以成为什么样的能量，空间和意识，以成为你真正所是的创造源头？

所有不允许那展现的一切，你是否愿意摧毁并不再创造？谢谢。

Right and wrong, good and bad, pod and poc, all nine, shorts, boys and beyonds.

第十七章

关系—温柔得杀死你?

关系对你来说是如何运作的? 如果你是那些知道如何让关系为你工作的幸运儿之一, 那你就没必要阅读这一节了。如果你是另外那99％之一, 并且想知道它是否会对你有作用, 我建议你继续阅读。

你知道关系的定义是两个物体之间的距离吗?

两个人相遇, 都很高兴, 又被彼此鼓舞, 期待着更伟大的事物, 当他们想起对方时, 肚子里就一阵翻腾, 在一起时, 很开心, 除了....嗯, 你知道的....那通常会持续多久, 直到你想知道到底发生了什么? 乐趣在哪里? 曾经在那里的轻松在哪里? 讨论开始, 双方斗争着来变得正确, 让自己和另外一个人都变得有错。两个人都试图让自己融入被称为关系的盒子中。事情开始走下坡路。我们已经知道, 这是开始变得严肃的关系中的一个正常阶段。

人们称它为"严肃"的关系是多么有趣。我们拥有关系, 是为了变得严肃吗?

当事情开始走下坡路，这是你让事情变得严肃和有意义的时间点，是你试图对关系走向下结论的时间点，同时你试图弄清楚它会变成什么样子，并向未来投射会发生什么。这是否那个时间点，你试图弄清楚那个人对你来说是否是正确的人，以及他/她是否符合你的期望？

请注意，当你读到最后那些句子时，轻松的能量就消失了。正是当你开始思考，进入你的头脑，弄清楚与这个人会发生什么并把它投射到未来时，那一切就发生了。你与最近彼此在一起的快乐分开了。你有多么相信这个观点，即这个阶段是正常的，是交易的一部分，而且它是必要的？那是真的吗？那让你感到更加轻松了吗？那是谁的观点呢？那真的是你的观点吗？还有什么是可能的？

为了在那方面更加清晰，你可以向自己提问的第一个问题是，"真相，我真的渴望有一段关系吗？"你有问过自己那个问题吗？或者你假设自己想要有一段关系？你有多么适应这个观点，你应该有一段关系，因为其他人都有同样的观点，并且试图让它起作用？你必须要有一段关系吗？无论何处当我们必须拥有任何事物时，我们就必须在对抗它的同时，试图获得它。选择在哪里？你真正想要的是什么？

关系对你来说是什么？你想与谁拥有一段关系，谁真的会对你的生命是一种贡献？那种关系看起来如何？你从另外一个人那里到底期待什么？另外一个人究竟对你有什么期待？大部分关系是基于共同的疯狂。刻薄的语言？那么环顾四周。你看到有多少关系中，双方真的很高兴;他们做自己，彼此相互有助于对方的生活扩展？没那么多？

大多数人都切断了自己最好的部分，恰恰也是最初吸引对方的部分，来适应关系的盒子，并能够共同存在。那对你来说足够么或者你渴望的更多吗？如果你可以选择你想如何建立你的关系，会怎样？

不再幻想有一天，这一切会搞定，你的伴侣会理解你，并成为和做你想要的，反之，你可以从今天开始关系的改造。怎样做？通过问自己，"所以，这段关系中的哪一部分能为我效劳，哪一部分不能？"无法发挥作用的那些部分，询问你是否可以改变，如果可以，你怎样可以改变它们。

当你翻新你的房子，你做同样的事情—你四处走走，检查房子的所有零件和部件，来看你想保留什么，不保留什么，以及它哪里需要被更新。现在有另外一个人来到你的身边，这意味着他们也要选择他们想要改变的或者不需要改变的。如果你想改变一些事物，而他们不感兴趣，那取决于你来包容那一切，并询问自己你是否可以忍受。

提问，这样你就可以得到所有的信息，来知道你究竟想要怎样的关系，并询问你的伴侣对他/她来说什么起作用。然后问自己，对方想要的关系方式事实上是否对你有用。不要期待对方改变或者他想要的与你一样。那就是务实。

我有一位已婚的朋友，她老公在卧室有一个大大的温暖的垫子，他喜欢躺在上面，并且从来不把它拿开。他把它刚好放在床前。很多次，我的朋友晚上起床上厕所时，都跌倒在垫子上。她一千次要求她丈夫记得在他们睡觉前，收起垫子，她的丈夫通常都忘记了。这持续了多年。

在那很多年后，她学会了不再因它烦恼，并相信丈夫不会收起垫子。她知道他对此不会有所改变，她允许了那一切，所以她提问如何让它为她效劳。她意识到，不再生气，不再创造她的丈夫不关心她的观点，她只是记得自己去放好垫子。

什么是美好的关系？能让你做自己的。美好的关系中双方都包容自己和对方。你和对方不寻找对方来满足他们的需求。你让对方成为他们想要的,做他们想要的,他们也让你成为你所是的和做你想要的。

注意成为和做你想要的那一部分。甚至你知道你在生活中想要什么吗?或者你是否是在对方那里寻找答案?那对你来说效果如何?

美好的关系从你开始。信任你,荣耀你,包容你,对你感恩,展现脆弱。展现脆弱意味着对接收没有屏障,不再防守自己,做自己。当你躺在草地上,直到你不再感觉到你和大地之间的分离,你接收到每一个分子都希望成为对你的贡献。是的,每个分子都希望为你做出贡献,你必须要做的唯一的事情就是接收它。

大多数人宁愿等待合适的人出现,并已经决定这个人应该如何有助于他们。接收整个宇宙,而不是一个人,怎么样?当贡献到来时接收它,不带任何观点它应该如何显示,怎么样?如果对每个人你都可以提问,不管他们做什么或说什么,会怎样:

这个人对我来说是什么礼物,而我没有承认?这个人,这种情况对于我和我的身体有何种贡献?

那么对你来说有什么可能呢?

***

当继续前行的时刻到了

在书中这一点上,你是否更多得觉知到你的一生中你有多么相信自己的错误?所有的标签—抑郁,焦虑,人格障碍—都是描述你是多么有错的方式。这些结论都在说服你你有问题,你不是"一个团队",即"理智"的人,的一部分。 (我总是想知道这些人在哪里。理智和正常的人在哪里？如果你遇到一个任何人，请让我知道。到目前为止，我遇到的人都在拼命试图变得正常，竭尽所能得去融入。）

你是否觉知到你有多么控制你来自己避免走出盒子，避免跟着不同的节奏，即你的节奏跳舞？你有多么控制你的身体和存在;你关闭了多少活力？难怪人们因为他们在自己的存在和身体中所压抑的能量的数量，而变得郁闷。难怪人们在自己的肌肉中创造疼痛，痛苦和紧张。如果你花费你的一生努力不成为自己，甚至更加努力得适应交给你的这个实相，你一定会发疯。

你正在创造的疯狂有多少是你想变得正常的尝试？

什么？我知道这不符合逻辑。我是在告诉你，疯狂和精神疾病甚至一点都没有逻辑。大多数人的疼痛和痛苦是不可知的，或者不符合逻辑的;它在某些时候由于某种人们不记得的原因被创造出来。他们为什么痛苦甚至都不相关。许多方式都寻找原因，好像那会改变问题。

找出你为什么痛苦真的有改变事物吗？查找原因，就是寻找你的脑袋中，你的头脑中有什么错了。什么最初创造了这个问题？是的，你的思维，你的认知，你的头脑。所以，试图弄清楚为什么你有一个难题，就是试图在你创造它的地方寻找解决方案。有趣。就是在这里人们在自己的头脑中迷失了自己。

如果你不会跳出你的问题来自我思考，你能觉知到什么？

谁创造了这个问题？当你开始承认，事实上是你创造了这个问题，你就有了再次选择的机会。那难道不是好消息吗？你在最初创造了问题，这意味着你是那个可以让它不存在的人。所以，如果你不相信你的错误，如果你不认为你软弱可怜，你又会觉知到什么改变的潜力？

什么事实上是你力所能及的，而你还没有承认的？

如果你可以改变你生活中的一切，会怎样？一切？从提问开始。选择你生活中的一个领域，并提问："宇宙，这个改变，变得比我所能想象的更加美好，更加轻松需要付出什么？"如果你的工作只是简单的提问，并允许宇宙对你做出贡献，会怎样。简单吗？是的。

因此，你创造了多少疯狂和精神疾病来适应这个实相？精神疾病和疯狂是创造，他们不是真实的。这意味着，你不符合规范，这意味着你不符合规范是错误的。所以，为了适应一点点，你把自己创造为精神疯狂的。那么，你到底是谁，而你从来没有承认过？

如果不是纠缠于过去，因为你如何被对待而伤心，你可以像你应该被对待的那样对待你，会怎样？如果你是你自己的梦中情人，你会怎么对待自己？如果你是自己最好的情人，你会选择什么？

第十八章

幸福只是一种选择

如果你已经相信，这个星球上只有一些很有特权的人才能获得幸福，而且你不是那些快乐的VIP之一，那么本章的题目可能就让人懊恼了。你是否决定了，幸福不是你拥有的选择？你有多少原因和理由，说服自己幸福对你来说不可能？"我的童年，我的父母，我的身体，我的金钱状况，我的这个和那个……"你决定了什么，阻止了你的快乐？

如果幸福是你可以做出的一个选择，会怎样？如果你可以要求自己，会怎样：

不管我的过去如何，不管我决定自己是谁，我现在愿意放下这一切，并且敞开通向更多自我，通向我真正所是的幸福的大门。

无论何时不轻松的事物出现在你的生活，请再次选择。是的。只需要再次选择和改变方向。把"幸福"放在你的个人GPS中，走接下来的路到达那里。

我们已经学会了解决问题，处理问题，并加以解决。相反，问一个这样的问题怎样，"我可以改变这些吗？"如果你得到的答案是否定的，那就改变方向，走另外一条路，选择更加轻松的其他事物。当你解决一个无法解决的问题时，你会卡在其中，在其中迷失自己，也关闭了你对于超越问题的可能性的觉知。相反，提问：

这里还有什么是可能的？我还能选择什么让我继续前进？

表现为轻松，展现与你想要的能量相匹配的不同可能性的一切，选择它们。没错，这简直无耻容易。你的生活有多少在用于解决你的问题和别人的问题？而那有什么影响？它是否创造了你想要的，或者它让你在兔子洞里跌得更远？有多少次你都完成那个惯例？是否是时候创造一个新惯例？为什么继续无用的一切，而不是试图尝试完全不同的事物，即使大多数人会称之为疯狂与错误？做对你来说有用的。

扫描你的人生，并看看所有那些时刻，你选择了适合你的事物，即使你周围的人认为，这是完全疯狂和错误的。那个选择是否让你的生活更大，更好，还是更小，更糟糕？

选择适合你的，让你轻松并点亮你的宇宙的一切会扩展你的生活，因为它匹配你作为一个存在的真正振动频率。它匹配你想要创造的一切。您是实体化的意识。你真正所是的振动频率是轻松的，欢乐的，以及和平的。其他一切都是你创造成真的限制。真实的一切只是你自己创造成真的，是你同意的，并与之对齐的，或者是你抗拒的和有所反应的。

快乐是你一直都有的选择。

你是否注意到，你唯一有问题的时候，是当你不承认自己有能力改变发生的一切的时候？你是否让自己变得不如你真正那样有能力，并且同意事实上你有个难题，而且你不能改变它？问一个问题会立即改变那种状况。

你还有什么其他的选择和可能性？单单这个问题就可以敞开敞开一扇新的大门，而你原以为那里没有门。它给予你对不同的事物的觉知。那不在于获得关于另外一个事物是什么的一张图片，一个单词或者一个句子。它给了你一种感觉，还有其他事物存在。一种对于能量的超越语言的觉知。你所要做的唯一一件事就是选择匹配那个能量的一切，在你的生活中创造不同的事物。

去做。你越多的去做，它对你来说就越容易。你不会做错任何事。

人们通常在他们的生活中有某个领域，他们认为自己是被卡住的：他们的财务，关系，身体，生意。在你生活中的什么领域，你已经决定了你有一个无法改变的问题？当你决定你有问题，然后你就会去寻找证据来支持你有问题。你寻找理由来让你的问题成真和固化。这就像在你决定自己拥有的问题中粘合，每一次你同意你有问题的观点，就添加砖块。

如果你决定你有金钱问题，每次你看你的银行帐户，你会说："哦，我的上帝，我的钱那么少，我将无法支付我的账单。" 如果你决定你和你的伴侣有问题，你会，"看，他没有再丢垃圾，他真的不关心我。"如果你决定你的身体有问题，你就会去看你的身体有什么问题。这些地方，你不问问题，并决定有问题，然后说服自己，这确实是一个无法改变的问题。

人们称之为问题领域的领域事实上正是他们不问问题的地方。那么，在你生命中的哪些领域，你不去提问，并且决定一切都是没有希望的？如果你开始对一切不轻松的，不是你想要的方式的进行提问，会怎样呢？

问四个问题：

它是什么？

我怎么处理它？

我可以改变它吗？

我该如何改变它呢？

那四个问题可以改变任何情况。这不是关于找到这些问题的答案。它是关于对更多的觉知敞开，所以你可以从不同的角度看你所处的情况。而不是得出一个像这样的结论："我是如此被卡住，我是如此糟糕，我感觉如此难过，"提问它是什么，你是否可以改变它，你可以如何改变它。

在提问你是否可以改变它之后，有时候你会得到一个否定的答案。这可以让你有更多的和平和放松;知道你可以让它顺其自然，此刻你就可以停止努力试图改变无法改变的一切。

当我治疗客户时，我一直带着那四个问题。客户告诉我他们的问题，在我头脑中我问："这是什么？我们怎么处理它呢？我们可以改变它吗？我们怎样才能改变它呢？"每个问题之后，我等待觉知。觉直不是答案;它是一种能量，就像一扇打开的门，让我知道接下来去哪里。

如果生活不在于处理问题，并忍受痛苦而是在于享受生活，享受做自己，会怎样？如果你是自己所是的喜悦，你还会多产生和创造多少？你还会拥有多少更多的轻松呢？

你是否愿意拥有那一切？你是否愿意告别问题解决者

和废物忍受者的旧模式，成为废物的终结者？ （我只是无法抗拒那个文字游戏！）如果你添加了新惯例—享受自己的生活，选择轻松的惯例，会怎样？

　　快乐是好的。你也可以只是坐在那里，摇摆。

第十九章

真的要少数服从多数吗？

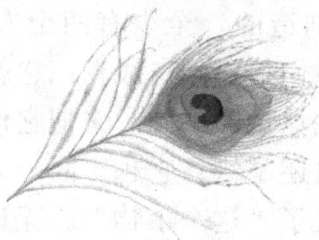

让我们来看一下作为这个实相重要组成部分的一个概念：少数服从多数。这意味着，一个团体中的大多数人掌握权力，来做出关系到所有团体成员的决定。让我们重温诊断的世界，这是医疗保健的重要组成部分。医生有义务诊断每一个来访的病人。他们的症状被分类到带着名字的箱子里，也就是所谓的诊断。

这些箱子，这些诊断的基础是什么？归类的整个系统都基于少数服从多数的理念。大多数人生活，行动，思考和感受的方式被认为是正常的。这就是其他人都进行对比的所谓的规范。

比较基于评判。你看到一个人，你会评判他是否符合规范。然后形成结论。这个方程式一直是大多数人生活的一部分。你走进一家咖啡厅，然后看看周围，寻找一个你想做的地方，这基于你得到的坐在咖啡厅里的人的信息，他们看起来如何，他们如何行动，他们是否独自一个人坐着，你形成了评判和结论，关于你觉知到的一切，以及人们是否符合规范。没有人愿意坐在奇怪的人旁边—那意味着不符合规范。

无论何处，每一次人们交流的时候，他们根据正常的一切评判别人和自己来行动，观察，思考以及感受。这就是实相如何被创造的。至少有两个人同意，并与一个观点保持一致，他们把那创造成真，它就成为了他们的实相。他们让那个观点足够牢固，来把它作为一个参照点来评判其他观点是对还是错。它越牢固，人们就认为它越真实。然后它就变成了"这个事物"。无论"这个事物"是什么，它都变得比其他一切更真实。它成为指导方针，标准。其他不符合这个标准的一切甚至都不能进入人们的觉知，因为它太与众不同了。它像一头巨大的大象一样坐在那里。这是限制的创造。

在咖啡厅寻找坐的地方，你会专注于符合标准的，正常的那些人。如果有人不符合规范，但坐在他们旁边，与他们交谈会激励你，并改变你的世界，会怎样？

许多寻找合作伙伴的人们，通常寻找以前与他们有过关系的相同的人，只不过在不同的身体中，因为这些人满足他们的标准。这是熟悉的。他们一遍又一遍地创造相同的问题，因为他们试图保持他们已经判断为正常的这种生活。

什么是你判断为正常的，维持了你的限制？

那所有的一切，你是否愿意完全摧毁并不再创造？谢谢。

Right and wrong, good and bad, pod and poc, all nine, shorts, boys and beyonds.

如果你可以成为那个问题，让你一直都可以觉察到更好的可能性，会怎样？

注意到最后一个问题是如何比本章的第一部分轻松得多了吗？再一次，让你轻松的就是正确的。很简单。如果每一次你或其他人向你展示了他们的"事物"，而它让你感觉如此沉重，你可以提问，会怎样。问："这里有什么谎言，说出口的和未说出口的？"只要你认出了谎言，它就不会再粘着你，你就自由了。你不会再去想它。

少数服从多数。沉重或轻松？如果少数服从多数只是一个有趣的观点，会怎样？没有对或者错，没有什么需要去反应，抗拒或者同意或者保持一致，只是一个有趣的观点。

有一天我在一家商店买内衣，我拿了一件我平时穿的尺寸。我看了一下，发现，"嗯，这比我的尺寸大了一点，这是怎么回事？"营业员看了看我，回答了我没说出口的问题，"这不是你的尺寸，夫人。选小一个号的吧，我们刚刚改变了我们所有的衣服来适应欧洲标准，这意味着每一种身材都减小了一个尺寸。"

那是多么搞笑？整个服装的标准和尺寸发生了变化，因为大多数人都变得更大了，现在我们有了一个新的标准。我曾经是中码，现在我不再是平均水平了;现在我低于平均水平了。那是多么有趣。有点聪明。如果人们没有做任何事情就降低了一个尺码，很多人甚至会对自己感觉更好。这肯定是一个让人们购买更多的好方法。

这一切都只是一个有趣的问题，而不是真实的。一切都可以改变。

这个实相中什么正常，什么不正常，基于由大多数人决定的正态分布。在钟形曲线中，68％是在中间，这被认为是正常和平均的，其余均为低于或高于。人们所做的是，根据大多数人运转的位置，试图找到自己在这个实相中的位置。有些人把自己放在大多数人所在的中间，有些人选择成为更伟大的，有些人选择成为更少的。是的，是有选择的。

在这个实相的范围中，你把自己放在哪里？你是否把自己放在绝大多数人所在的地方，或者你让自己变得更小或者更大？

看看你生活的不同领域，以及你把自己放置在那些领域的何处。也许你让自己在关系的领域比大多数人更大，而在金钱的领域比大多数人更小。或者相反。

我邀请你觉知到，人们不断得衡量和计算拥有和成为什么是正常的。多少钱是正常的，平均有多少;生意中有多少成功是正常的;有多少孩子，等等，然后根据他们的计算，根据这个实相的典范，他们想要在何处。那可以允许多少选择呢？没有多少。你有没有问过你想要成为什么，想要把你的生活创造成什么样子，但这可能不适合这个实相？

什么让你快乐，但那可能不正常？

带着精神疾病，在这个实相中找到你的位置

精神疾病是一种把自己放在钟形曲线低于平均值部分的方式，但是仍然在曲线的正常范围内。精神疾病是一种试图适应的方式，一种在这个实相中找到自己位置的方式。它创建了一个冲突的宇宙，在那里人们享受成为不同的，但也不愿意太与众不同，并且创造了对于太与众不同的抗拒，以及仍然去适应的原因和理由。

对完全不同的抗拒，以及强迫自我适应，创造了很多痛苦，以及心理和生理的痛苦。患有精神疾病的人有方法

防御这个实相，并防御人们对他们的看法。

例如，多动症，强迫症，孤独症和双相障碍症，是尽可能逃离大多数人运转的地方的方法，而无需变得完全疯狂。这些是人们做出的选择，来留下他们残疾的印象。事实上，承认并接收他们的能力，让他们能够超越这个范围，并成为和接收他们真正所是的伟大。

为了让精神疾病成真，你必须切断多少觉知，来同意并与那个观点保持一致？有趣的是，人们那样认为，是因为很多人用特定方式的行为表明那是正确的。你每天使用了多少能量，来让那变成你的现实？

获得那个能量，现在。通过深呼吸连接你的身体，让它从你的头往下直到你的脚趾，来获得那个你锁进你的身体，让你变得正常的能量。现在提问：

我和我的身体能够成为什么样的能量，空间和意识，来使用那个能量成为我自己和创造我的生活？

现在，问那个问题，觉察这个能量。它是否有所不同？对你来说没有感受正确的方式。只是允许它改变你的世界。你可能要放弃你控制生活和自己的需要。放下控制，你的身体对此说了什么？你是否听见了它的欢呼？

如果失控是你得到完全控制的方式，会怎样？失控意味着一直完全觉知和接收所有信息。它可以让你知道要采取什么措施来创造你的现实，因为你不再尝试用你的大脑弄清楚什么是对的，错的，好的，坏的。提问：

完全失去控制，脱离形式，结构和意义需要我付出什么？

在这里，你可以成为一切，创造自己一直焕然一新和与众不同。完全的选择。有趣吗？

有什么盛大而辉煌的冒险在等着你呢？

第二十章

"空间恐惧症"
——你是否在逃避空间？

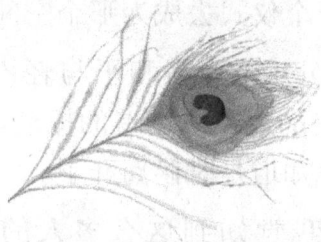

有一天，我就像每一天那样很开心。我在我的公寓里，我没有具体的计划，当我坐在那里，我觉知到真没有什么地方我不得不去。我的世界里没有必要做任何事情或者与任何人见面。没有必要获得一些美味的食物。甚至没有必要用思想填补空间。只是空间，没有需要。

一个觉知来到我这里，"哇，那多大程度上就是大多数人回避的空间啊。人们用思想，感受，性，关系或某些要做的事情填充的空间？"这个空间对于大多数人来说都太难受了，因为这里没有需要;没有标准或参考点，告诉你去哪里和做什么。完全选择的空间。你开始创造你真正想要的一切的空间。

只是为了好玩，我想出了一个名字"空间恐惧症。"大多数人都像逃避瘟疫一样以各种方式尽可能逃避的空间，他们在一定程度上都恐惧成为那个空间。

另外一天我在赛马节，那是如此拥挤，我能感觉到愤怒出现在每个人身上，因为有这么多的人在同一个地方。我知道我可以选择淹没在那个愤怒中，自己变得愤怒，或者成为愤怒无法影响到我的空间。我选择尽可能大得扩展我的能量超越这个庆祝活动，连接马和自然，大地，树木和海洋，我让我和我的身体成为那个振动。那所需要的一切就是一个选择，和要求成为那个振动。我没有做什么特别的事情或举行一个仪式去成为那个空间。我只是连接。

展现的是一切开始变得和平与轻松。我只是觉知到他人的想法和他们的观点所创造的振动，而我对此完全平静。过了一会，我知道是时候离开了。

有趣的是，我觉知到这么多人的身体想要去别的地方，但他们并不听。他们决定，他们不得不留在那个庆典，按照他们决定正确的时长。所有这些人，他们的想法和感受，创造了他们称之为实相的稳固，他们对此感到舒适，因为这对于他们来说很熟悉。他们宁愿留在熟悉的地方被激怒，而不是倾听他们的身体告诉他们还有什么可能性来拥有更多的轻松。尽管他们的身体在尖叫，并要求他们去别的地方，但因为他们已经决定的一切，他们无法听到。

这是一个人们尽可能得不去成为他们真正所是的空间的例子。他们上瘾于，用思想，感受，要做的事，要见的人，要创造的关系，要创立的生意的极性，来填充他们所是的空间。

另一个例子是人们创造的戏剧和创造，肥皂剧也相形失色。那里人们打架，让自己成为受害者，来创造戏剧以创造足够的娱乐，来不感到无聊。

我有一个朋友，他是一个如此聪明，关爱和有能力的存在，只要他开始成为他真正所是的那个空间，每当他在创造一个非凡人生的边缘，他就会选择和一个女人开始一段关系，那会让他重新回到他过去所在的地方，或者他会让他的前妻折磨他，让他因为成功而变得有错。他没有创造自己的关系，来扩展和有助于成为他所是的辉煌。不，他选择让这个女人成为答案和参考点，以便不与这个实相失去联系，被控制，并确保他并不孤单。

一个无限的存在可能是孤单的吗？正是那个谎言让如此多的人进入对他们无用的关系。他们宁愿有一段糟糕的关系，而不愿什么都没有。要说什么呢？

你在用什么让你锚定在这个实相，什么是真实的，正常的？你在使用谁和什么来控制你，让你永远无法展示你所是的辉煌？谁或什么是你永远的狱卒，让你永恒被囚禁？

现在是否是时候去摧毁和不再创造你创造的用来维持那些的那一切？如果你选择改变它，只要对你自己说"是"。那是所需要的一切。

除此之外，还有什么可能？超越思想，感受，情感，观点，结论，投射，预期，评判，拒绝和分离的空间。你就是用这些来让自己与其他人感受一样。成为空间在这个实相没有价值，因为你不能认知或描述它。你真正所是的和已经是的空间，是你成为自己的地方，就像大海，太阳，大地和动物一样。是你成为问题，选择，可能性和贡献的空间，在那里你开始创造自己。在那里你可以用你真正想要的方式创造你的生活，你的生意，你的友谊，你的金钱。

要怎样做？

要求它，然后允许它展现它什么时候会出现，以及它以什么方式出现。"拥有比我曾经可以花完的更多的金钱

需要我付出什么？"然后接收关于创造它需要付出什么的
信息。不要着急。不要下结论，因为它昨天没有显现，它
就不会显现。无论你想要什么，都对它提那个问题：

让...显现，需要付出什么？

成为你的空间，那里你不会再让任何观点或评判变得
真实或有意义。您不再受任何事物影响，因为你让一切来
得轻松，愉快并充满荣耀，你允许这一切贡献于你，你的
身体和你的生活。成为那个空间让你成为一个完全不同的
世界的催化剂。通过在全然的允许中，你周围的人无法保
持他们固有的观点。它们融化在你的面前。一切像思想，
感受，情绪，评判和观点的发明消散在你面前。而且，那
邀请你身边的人去选择。

生命中的一切来得轻松，愉快并充满荣耀！™

这是一个魔术句，你可以用它轻松，愉快并充满荣耀
得接收生命中的一切，好的以及坏的。早上说十次，晚上
说十次，轻松将会发生在你身上！

第二十一章

小心所谓的专家

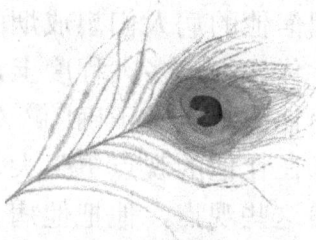

这个实相中有很多专家。专家们是那些扮演答案拥有者的人。通常专家有证书，学术的或是其他的。在这个实相中，医生，治疗师，心理学家，社会工作者和顾问都是一些专家。

作为一名专家很少会被质疑。人们声称是各种领域的专家。他们是专家，因为他们说他们是，不是因为他们更加了解。许多专家，尤其是如果他们自称专家，告诉他们的客户他们迄今为止所做的是如何没有用，而他们作为专家有答案和解决方法。

从专家那里寻求答案，是你如何让别人的观点，比你所知晓的更有价值。为了支持专家的观点，你不再聆听自己。你评判自己是在做正确的事还是错误的事。正是在这里，你试图找出你应该做什么来让自己正确，从而避免错误。这是否为你创造了任何自由？这是否创造了真正适合你的一切？

***

在我的一次旅行中，我跟一位医学物理学家，他看过很多过度吸烟的患者，他们的肺部严重受损。他深信，如果他们可以，他们大多数人都会戒烟。

听到那些，那让你感到轻松还是沉重？那是一个觉知还是一个答案？那个观点是否向更大的可能性敞开了？那个医生有多么相信他的病人们想戒烟的那些谎言，只是因为他们这样说？你认为，多大程度上，那位医生每天都会找到证据，证明他的观点是正确的？每一个说自己想戒烟但不能的病人都在让他的观点更强大，说服他人们戒烟很困难。通过相信这些观点，他把他病人的答案反馈给了他们，用他们自己的观点说服了他们。这跟赋予权力毫无关系。

我不是说这个医生是错误的。我想请你去看看这是在这个实相中一直发生的事情。

人们用谎言喂食自己和彼此，从不提问，在他们痛苦的兔子洞中掉得越来越深。如果你可以用问题赋予自己和他人权力，会怎样？变得诚实，并且真的向自己提问，怎么样：

真相，我真的想改变这一点吗，我真的喜欢不同的可能性，而不是我选择的痛苦吗？

如果你得到的是"不"，那太棒了。那么在那一刻，你知道你的观点是什么。你知道你并没有真正渴望改变任何东西，当你对任何改变都不感兴趣时，你可以停止如此努力得改变事物。这就像你的右手和你的左手打架，你得到的一切是更多的痛苦。不想改变什么没有什么不好，也没有什么错。这仅仅是一个选择。当你意识到你对变化不感兴趣，你就敞开了通往更多选择的大门。你可以问自己：

不想改变对我来说有用吗？抱着我的痛苦和苦难有什么价值？

无论发生什么事，你并不需要能够用语言形容它。只是问你自己："通过问这些问题，出现在这里的一切，我是否愿意摧毁并不再创造这一切？"如果对你来说，答案是"是的"，使用除障句来消除限制。

Right and wrong, good and bad, pod and poc, all nine, shorts, boys and beyonds.

我建议做很多次，因为每次重复都会清除限制的另一层。

既然涉及到很多痛苦，人们不希望改变的原因就毫无道理了。如果它是合乎逻辑的，可以理解的，那这个世界上就不会有问题了。我们很久以前就会想出解决方案了。

很多人在他们选择不同事物之前，都会等待很长时间，受很多苦。那没有什么不对。有时自我折磨要足够痛苦，人们才会要求不同的事物。"不，我不想改变"很容易变成"是的，我选择改变。"你需要的一切就是，在你到达"是"之前，首先觉知到这个"不"。一旦你选择了"是"，改变就会比你认为得容易得多。

变得更好所需要付出的百分之九十是选择要求，"是的，我现在要改变这个，无论需要做什么我都会做。"不要期待事情在下一秒就会不同。给它一些时间。通过要求自己拥有更好的事物，你已经打开了大门，其余的将随之而来。如果需要的时间比你希望的更长，不要放弃，不要下结论，这是行不通的。你得出这行不通的结论，会让你刚开始创造的一切停止。继续要求更好的事物，选择让你的生活更轻松的一切。你拥有创造你真正想要的一切所需要的一切。没有任何人，任何人能阻止你，除非你让他们阻止。

一切都与它的表象相反，没有什么与它的表象相反

医生的例子，说明专家们如何利用自己的角色给人们他们认为正确的答案，而不愿意看到发生了什么，或提出创造不同事物的问题。赋予人们权力，无论你是否有专家的角色，都比你认为的容易得多。你可以如微尘一般沉默，也可以让人们成为他们的真正所是。

一切都与其表象相反，没有什么与其表面相反。愚蠢还是聪明？

赋予人们权力是简单和有趣的。怎么会这样？你不必有任何答案;你向人们提问，来让他们发现什么对他们来说是真实的。作为一个专家，你已经准备好答案了，那些答案比其他一切都重要。每次你去看医生，你是否问你和你的身体要求什么，或者你是否依赖医生有关于你的正确答案？

医生怎么会更加了解？他可能比你对此事有更多信息，但这并不意味着他更加了解。你可以接收专家的信息，询问你和你的身体，"真相，我对此知晓什么？什么对我有用？什么让我的生活变得更轻松？身体，你需要什么？"

你知道。你越多得向自己提问，你就越容易知道。这就像锻炼肌肉。每次你依赖某人或某事，你就放弃了你的力量，让你受到别人观点的影响。那对于你和世界都是一个巨大的伤害。你所知晓的对世界是一个礼物。

有许多专家相信人们一无所知。他们持有的观点是，病人们病得太厉害所以一无所知，他们病得太严重以至于什么都不知道，他们太残疾了所以什么都不知道。没有人，没有什么可以带走你的知晓。它即是你是谁。没有什

么可以带走你是谁。没有疾病，没有人，没有任何事物。你所知道的和你所是的可能被蒙上阴影，当人们有疾病，吸毒，或者贴上"精神病患者"的标签时，这可能会难以进入。你可以选择成为你所是的，知晓你所知道的。

作为一个专家，你可以选择让你的教育成为有价值的产品，或者你可以用你的角色，让人们能够知晓他们所知道的。

成为无用的

治疗师经常问我，我跟客户做个案时，我采取什么方法。我的方法是，在我开始个案前，我会提问，"在这里我可以有多么无用？"

对于许多专家来说，那会引起大笑或开口。 "你说的'无用'是什么意思？你是从有用开始，然后变得没用？那是如何运作的？"

我从无用开始，并继续成为无用的。

我们作为专家所学到的是要有用;我们应该解决和处理问题，有正确的答案，解决方案，以及做正确的一切，做可以拯救客户的一切。那效果如何呢？专家们承担了很多责任。承担那种责任有多么有乐趣？是的，乐趣。你为什么做你的工作？是受苦还是好玩？我知道好玩在专家严肃的领域中是不被允许的。

对我来说是这样的。我打破了严肃的规则。你呢？

当那涉及到另外一个人时，为你的工作结果负责会给专家施加很多压力。这不是最聪明的选择。如果你因为这次谈话变得愤怒，你可能想为自己看看那一切。

你在抗拒成为和抗拒选择什么，而如果你成为它并选择它将会扩展你的实践和你的生活，超越你所认为可能的？

你能给予自己什么自由，那将扩展你的一生？如果你让自己为另一个人的选择负责，或者陷入客户变得更好的结果，你可能会发现，你的工作变得十分困难。而问题是："这是赋予其他人力量吗？"你是否给予了他们空间为自己选择？

我曾经以为，我必须修复每个人，让他们快乐，我个案的目标是让人们更加清醒，让他们克服他们的问题。工作日的最后，我感到疲劳，耗尽了能量，周末我大都在睡觉。我知道这必须有所改变。

我开始意识到，人们是否选择改变不是我的责任。我可以给他们的工具，信息和程序，让他们知道他们有选择。然后他们选择什么取决于他们。那就是最大的关怀和授权，让人们选择他们所需要的，不带观点的选择。我不是他们的救星，也不需要认为我应该帮助他们。我可以让他们知道他们有选择。

当我面对客户时，变得无用创造了一个人们可以探索他们在哪里，他们想选择什么的空间。那里我不需要有任何答案，或者个案应该去到哪里，我们应该涵盖什么，或者结果应该是什么的观点。这让我不再必须有答案，或证明我是有用的，也就为我和客户创造了轻松。

你是否与一个专家做过个案，他急切得试图给你答案，让你改变，说服你他的方法会救你？那样如何？我知道，每当我认为我比我的客户更加了解时，我就会成为那样的专家，并且我知道那对于我和我的客户是多么的收缩。那会一无所获，结果是我觉得自己像个失败者，可能客户也是那样感觉。

大多数治疗师都陷入了关于客户应该如何走出个案，

他们的生活应该改变的结果中。如果是否改变是由客户来决定的，会怎样？作为一个治疗师，不再陷入结果中，会为治疗师和客户创造更多的轻松。客户知道治疗师希望他们什么时候改变以及如何改变。他们对那些有第六感，并且那让他们比他们所必须的更加努力，为了成为治疗师希望他们所成为的那样，而不是允许它很容易。或者客户会抗拒和对治疗师作出反应，并且停止可能的变化。

如果治疗师只是提供工具，而客户选择是否，如何以及何时运用它们，会怎样？

变得无用，让我和我的身体放松，并提出解锁客户觉知的问题。那是对一切没有观点，享受不陷入结果中，成为让可能性出现的空间，那个空间让客户和我因为超越有限制的发明的真正可能性而吃惊。它创造了轻松和放松，因为我们都在探索模式。许多"啊哈时刻"出现了，客户开始学会信任自己的知晓，不再依赖我。

性

性在哪里进入这个话题？ 性是疗愈，创造和促成变化的重要组成部分。

性是注入我们身体的疗愈的，滋养的，扩展的，高潮的和愉快的能量。它是我们自然存在的方式。孩子们都非常熟悉这种能量。他们是高度性感的众生。他们享受着自己和自己的身体到来，总是在寻找他们可以和什么，和谁一起玩。他们充满能量，而当他们疲倦时，不管在哪里，他们都会停下，并且睡觉。他们在玩耍中选择的一切，都有助于更多的玩耍和更多的能量。

你是否决定不能再这样了，既然你是一个成年人了？

那是真的吗？或者你可以成为那样，并以对你有效的方式表达它吗？

成为性感的，你会邀请变化和不同的可能性进入你的生活。你是否曾经强迫事物显化？你知道那种感觉。强迫自己写一篇论文，让自己创造更多的钱来支付账单，强迫你的伴侣谈论你决定是很重要的事物……你知道我在说什么。这需要大量的能量，通常也很沮丧。

邀请性来到这个聚会怎么样？

如果你像对待爱人一样对待一切和每个人；你会邀请他们到来吗？

他们会到来。像爱人一样对待一切和每个人也会创造感恩，当他们这样到来时，他们会被邀请和被激发去到未来的邀请。如果你像对待爱人一样对待你的金钱，会怎样。获得那个能量。更多乐趣？那创造出更多关于金钱的轻松吗？如果你对待你的身体就像你的爱人，会怎样？你会增加多少乐趣？

你是否曾经强迫你的身体减肥？那样做效果如何？感恩你和你的身体，邀请你和你的身体改变，问什么是可能的怎么样："身体，展示给我，你想要成为什么样子？"你可能会惊讶于它向你展示的。

你可以每天选择什么，让你和你的身体成为性感的能量？什么能够扩展你生活和身体中的这个疗愈，滋养，扩展，高潮和愉快的能量？在沙滩上散步，跳舞，写作，于朋友聊天，洗澡？对你来说是什么？如果你每天至少那么做半小时会怎样？那会为你生活的各个领域创造多少可能性和生命的能量呢？

我曾经也是超高效人士，有长长的待办事项列表，我每天都会完成。我认为这就是如何完成事情。我很沮丧，天天忙着完成列表上的一切。当你读到这些时，你获得这个能量了吗？不是那么好玩，对吗？我会完成我列表上的

事情，但是我的生活并没有改变。我认为如果我做到了这
一切，最终那会使我的生活更美好。它从来没有。

关于那件事补充一点，我是强迫症，这意味着，当我
做事时，我会做每一个细节，这会创造更多的工作。我意
识到，这不是我创造我的生活的方式，所以我要求自己去
改变它。现在我每天开始都会问我想要我的生命成为怎样
的能量。我觉知到轻松和愉快，以及我想要的高潮的，一
直在扩展的，滋养的，治愈的，有趣的能量，每天早上我
要求我和我的身体成为那个能量，在我身体的每一个细胞
中感受它。成为那个能量我会提问：

今天我可以选择什么？今天我可以把我的能量放在
哪里，让我能够产生和创造我的生命比我认为可能的更加
伟大？

我选择与我想要的生命和生活能量相匹配的一切。
有时是在海边散步，有时是与给我信息和灵感去创造新事
物的人交谈....选择对我的生命和生活做出贡献创造了不断
前进的行动。我一次又一次得问自己，"我现在可以选择
什么扩展我的生命？"然后我会再次选择。那就是成为问
题，选择，可能性和贡献。扩张的元素。

如果你选择你和你的身体成为性感的能量，会怎样？
对你来说会有什么可能吗？

性感就像大自然一样—充满活力和生命力。自然是
这个伟大的乐队，在这支最大的交响乐中与树木，风，太
阳，云，海洋，大地玩耍。它知道什么时候应该改变并轻
松得促进改变。

存在和改变有了那份轻松，你还会再有问题吗？

当你帮助客户时，变得性感会邀请他们来体现那个能
量。不再切断它会怎样？　性感并不意味着要与人发生性关

系。它成为那个能量，邀请你和其他人再次玩耍，对改变感到轻松，放下创造痛苦和苦难的固定观点。

人们总是认为变得性感意味着要做爱，所以他们只让自己在卧室中成为那个能量。把它带出你的卧室，并进入你的一生，怎么样？让性感的能量渗透到你的整个实相怎么样？作为愉快的，滋养的，关爱的，高潮的，治愈的和扩展的，会让你在自己和他人之间创造的分离消失。它不再关于任何专家/教师和病人的动态。它是关于你成为自己，并邀请其他人要成为自己。

只是成为你就会创造改变

当我为客户促成变化时，我清楚明吧的是，我所使用的技术和程序，不是客户变化的来源。

大多数治疗师的认为是他们的技术起了作用。大多数的程序都需要通过一定的方式，形式和结构来完成。治疗师们通常运用这个技术，并尝试把事情做对，这花费了大量的时间和精力。他们有一些标准和参考点来比较自己的工作，然后他们评判他们做的是对还是错，以及他们是否成功并获得了他们想要的结果。

我也曾那样做。我读了很多书，参加了很多会议，都是关于进行心理治疗的不同方法。我会发现自己处在不断的评判中，认为我做的不够好，我应该这这样说或那样说，或者那个客户没有得到他或她应该得到的改变。我会感到如此糟糕，就像一个失败者。

我读到的关于治疗技术的书籍，会有那些完美的例子，关于如何进行治疗，以及治疗师如何准确得知道在正确的时间说什么，展示了他是多么完美的运用了这个技术。在我的个案里，我试图去做同样的事情;当我和我的客户在一起时，我会回忆起我在书上读到了什么，以及书里的治疗师说了什么，然后我试图以同样的方式去做或者至少足够"正确"，而效果从来没有非常好。我的客户从来不说书本里的客户所说的;他们只会看着我好笑，我会感觉更糟。欢迎来到一个治疗师的自我折磨。

以我"应该"的样子做了一年之后，我不能再这样做了。我知道我必须改变我的工作方式。受够了自我折磨。我大概有一个觉知，能够让治疗客户变得轻松和愉快得多的不同可能性是存在的。

怎样做呢？

我开始问问题。我放下所有认为技术创造改变的观点。我问我的客户在我们所做的工作中，是什么帮助了他们，是什么为他们创造了变化。所有我问过的人都说是我，我所是的存在—不是我说了什么，而是我对他们的关心，我不带评判倾听和交谈的方式;那是改变他们最多的事物。

哇！你能想象听到那些多大程度上改变了我的实相吗？我一直以为我必须让我的技术正确，我必须努力工作，更了解技术，更多得学习。但不是。是我所是的空间邀请了其他人成为和找到他们所寻找的一切。

这个觉知匹配了我一直知晓的可能性。我们可以仅仅通过存在，就促进彼此去往更伟大的可能性。当你与一个对你完全没有评判的人，一个没有任何观点认为你应该改变的人，一个如此滋养和治愈的人交谈时，你就知晓了那是怎样的。在那个空间中，如果你选择，当你选择时，你会被鼓励去改变。

这是我如何创造了实用心理学;通过提出解锁觉知的问题。

　　当我面对客户，我提出问题，我表达问题。我不相信客户的故事，我在他们说的事情中寻找指明他们如何限制自己的事情。当人们选择无意识时，当他们选择不觉知的时候，限制就被创造了。真正限制他们的往往不是他们认为限制了他们的一切。变化并不主要因为谈论限制而发生，而是通过改变能量。让语言成为变化的来源是一个很大的限制。变化是邀请不同可能性的选择。转变能量和觉知到选择，会创造更大的轻松和扩展;正是这些改变了人们的生活。放下人们借以运作的观点和评判，打开了关于创造他们想要的一切需要付出什么的觉知。

　　你知道你可以如何不停得谈论一个问题，寻找原因和理由，你所做的一切就是创造一个故事，让故事成真，更深入得挖掘这个问题。你的能量很沉重，你通常感觉错了，并且无力。有趣的是，对我来说，这就是在这个实相中变化应该如何发生。

　　看看什么能够扩展你和你的觉知，会在你的宇宙和身体中创造轻松，即使你觉知到你一直持有的负面评判和批判的态度。

　　如果你可以成为，知晓并接收你的伟大，会怎样。有多少你所谓的问题会消失，并不再相关？你是否愿意选择让你的生活轻松和愉快？在那里你可以接收一切，包括完整的你，并且没有评判？你有多么想激励全世界去到一个不同的角度？

　　通过放下你的错误，你的痛苦和苦难，你就创造了一个不同的世界。打开觉知和意识的光，毁灭，问题，痛苦和苦难就无法存在。你不再受到影响。你是痛苦和苦难的终结者;"痛苦的克星"。

　　有觉知和有意识的地方，生命中的一切会来的轻松愉快并且充满荣耀。

　　成为和体现意识，会消除你和他人之间；以及你和你真实所愿之间分离的围墙。

　　欢迎来到你的世界。欢迎来到我们的世界。欢迎轻松，愉快以及充满荣耀的生活。是的，这是你所拥有的选择。

关于作者

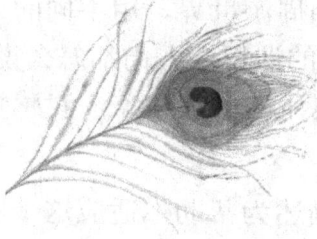

Mag. Susanna Mittermaier，CFMW，认证临床心理学家，治疗师和Access意识入口导师，来自奥地利维也纳，正在使用Access意识入口的革命性工具，以心理学和治疗创造一个新的模式，即实用心理学。

Susanna对心理痛苦和精神疾病有一个与众不同的，不断转变的观点，超越了目前市场上的一切。

Susanna在瑞典精神病学领域工作多年，拥有自己治疗抑郁症，焦虑，双相障碍症，注意力不集中症，注意力缺乏多动症，自闭症，阿斯伯格综合症患者的实例，并且有着显著的疗效。

Susanna Mittermaier一直希望能够让人们知晓他们所知道的，成为他们所是的，成为更加快乐的生活方式的选择。除了成为一名心理学家，Susanna也进修成为一名教师，哲学家，语言学，并且实践了其他方式。

从她还是个孩子起，Susanna就开始观察这个世界，她好奇，当生活可以如此轻松和快乐时，人们为什么如此不开心。有一段时间，她忘记了她的知晓。她知道那必须改变！是时候走出去，去成为和创造她真正能力所及的！那时，她接触到Access意识入口，那改变了她的一切。

如今，Suanna周游世界，用不同的语言来开办个案，工作坊以及Access的课程。人们都怎么说呢......"你是我见过的最古怪，最快乐的心理学家，我感觉疯狂得清醒，我的世界改变了！"

Suanna将它描述为帮助你适应这个实相，增加意识把你完全从盒子中带出来，接近比你所能想象的更多自己的心理学！

实用心理学课程

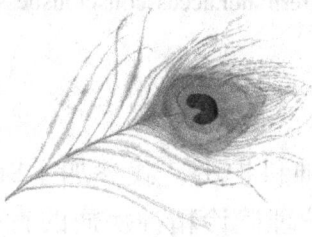

如果对于抑郁，焦虑，双相障碍，饮食失调，精神分裂症和其他所有临床诊断的"紊乱"都有不同的模式，会怎样？Susanna Mittermaier ，来自奥地利的临床心理学家知道这是存在的！Susanna一直在瑞典的精神健康领域和她的业务中使用，已经看到了令人难以置信的变化。如果你可以克服成为正常的，并挖掘你真正的智慧，会怎样？对你来说有什么是正确的，而你没有获取？你怎样才可以转变本应是一辈子并且用药物才能解决的一切，用工具和问题替代？

这些课程是为每个人准备的。已经被确诊的人，他们的家人，朋友，任何一类治疗师，父母，教师，社会工作者。每一个对更多发现改变可能性，促使改变感到好奇的人，以及所有愿意进入你们知晓的一切的人！

欢迎离开痛苦，苦难和惭愧，来到轻松，愉快与荣耀！

扫描获得更多信息

这些课程在全世界各地举行，也有在线课程。

www.susannamittermaier.accessconsciousness.com

感谢信：

　　我是一名精神科护士，我参加了Susanna的实用主义心理学课程。我护理确诊精神疾病的青少年，并支持他们的家庭来支持他们。我也有一个患有精神分裂症的成年的儿子。Suanna在她的工作中带来的礼物，是以一种完全不同的方式来看待精神疾病;她穿透"疾病"带来的耻辱，看到那些儿童和成年人真正拥有的天赋和能力。她教我们如何进入我们的知晓，为我们的客户，家庭和我们自己保存一个有着不同可能性的空间。她带着如此的轻松和愉快那样做！在我走路去上班时，我把音频听了一遍又一遍，因为它确实有助于为一天设下这样一个平静积极的基调。如此感谢你，Susanna！

您好，Susanna！

　　非常感谢你的实用心理课！我非常感激你和这个课程。我一遍又一遍地听它。我在你所做的很多事情中觉察到自己。我在学校工作，这和医疗系统有许多相似之处。你的课程在现实世界中为我开辟了另外一种可能性，让我以另外一种方式做老师，一种我知道对我来说有效的，创造更伟大可能性的方式，所以从我的内心深处感谢你

　　我现在看到了不同的道路。那么还有什么是可能的？你是不可思议的，哇，并且对这个世界和实相是如此的一

种贡献！

怎样比这样更好呢？

扫描获得更多信息

有关作者的更多信息：

www.susannamittermaier.com

ACCESS CONSCIOUSNESS®
核心课程

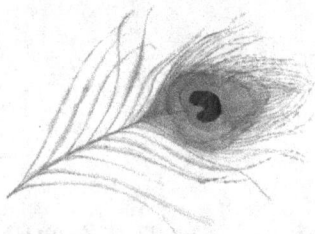

Access Consciousness®是一套工具和技术，旨在帮助你改变你生活中不起作用的一切，从而你就可以拥有不同的生活和不同的实相。你准备好探索无限可能性了吗？

下面列出的核心课程可以扩展你意识的能力，从而你对你，你的生活，这个实相等等有更深刻的觉知！有了更深刻的觉知，你就可以开始生成你总是知道有可能的，但还未创造的生活。还有什么是可能的？包括一切，没有评判的意识。

~ Gary Douglas，创始人，Access Consciousness®

ACCESS BARS™

Access Consciousness的第一堂课是Bars。你知道在你的头上有32个点，轻轻碰触，就会毫不费力，轻松地释放你任何一世储存的思想，观念，信念，情绪和思虑？

你的生活还没有成为你想要的样子吗？你可以拥有你想要的一切（然后还有一些！）如果你愿意接收更多，做得更少！接收或学习Bars将允许这一切 —还有更多一向你展现！

Bars课程是一切Access Consciousness®核心课程的前提，因为它可以让你的身体轻松处理和接收所有你选择的变化。

持续时间：1天

基础课

Access Consciousness® 是一套实用的系统，用来超越对你无用的世界的限制来运转。通过从一个完全不同的角度看待生活中的问题，一切都很容易改变。

Access基础课是关于脱离这个实相的矩阵，揭露和释放限制你的观点。

在基础课，你会发现如何如你所愿的创造你的生活。这个课程给予你对于你做为一个无限的存在，和你所拥有的无限选择的觉知。

持续时间：4天

前提条件：Bars

高阶课

在这两个由AccessConsciousness®创始人，Gary Douglas 或者Dr. Dain Heer 开办的课程中，你将进入一个空间，在那里你开始认出你作为一个无限存在的能力。你会更加觉知到你想把你的生活创造成什么样子：财务上，人际关系上，你的工作上，等等。

创造你的生活，是时时刻刻增加你生活中可能的一切。当你停止从你的过去创造，你可以开始创造一个无限的未来。如果感知可能性可以取代到处对你是对还是错的评判，会怎样？

~ Gary Douglas

时间：4天

前提条件：Bars，基础课

ACCESS身体课程

如果你的身体是生活中的秘密，谜题和魔力的向导，会怎样？Access身体课程由Gary Douglas和Dr. Dain Heer 创建，由身体课程认证导师开办。

Access身体课程旨在与你的身体展开对话，与你的身体交融，让你享受你的身体，而不是对抗它。当你改变你与身体连接的方式，你就改变了你与生活中的一切连接的方式。参加身体课程的人们身体尺寸和/或形状上都有巨大的改变，从慢性和急性疼痛中解脱，在他们的关系和金钱问题上有了更大的轻松。

你有天赋和能力治疗你尚未解锁的身体吗？或者你是一名身体工作者，按摩治疗师，脊椎按摩师，医生或护士，在寻找一种方式来增强你能为你的客户所做的疗愈？快来与我们一起玩耍吧，并探讨如何用许多新方式与身体沟通和连接，包括你的。

时间：3天

前提条件：Bars，基础课

与GARY DOUGLAS的高阶身体课程

这个课程提供了一套新的独特的身体程序，给你的身体超越这个实相限制的可能性。如果你可以撤消你锁进身体中的限制，改变它运转的方式，会怎样？如果你的身体可以变得有效率得多，会怎样？如果你和你的身体不需要像这个实相中每个人认为他们必须运转的方式那样运转，会怎样？

如果食品，补给和运动与你的身体真正怎样运转几乎没有关系，会怎样？如果你可以立刻与你的身体拥有轻松，喜悦和交流，远远超过被认为可能的，会怎样？你是否愿意去探索那些可能性？

时间：3天

前提条件：Bars，基础课，高阶课，3天Access身体课程两次

与DR. DAIN HEER 的可能性交响乐

如果你是你实相的作曲家，会怎样？如果你有能力成为宇宙的大师，会怎样？是否是时候成为你一直想要成为的一切？

这个晚上的课程是可能性交响乐的最初级，可能性交响乐是一种高级的训练，让你可以密切觉知到能量，并学习如何真正利用它们来创造你的生命，生活和一个完全不同的实相。

如果我们，我们一起发出声音的振动，创造一个充满能量的可能性交响乐，来改变世界和这个星球会怎样？

可能性的交响乐—与DR. DAIN HEER 的高级培训

介绍可能性的交响乐，3.5天的高级培训，你会密切觉知到能量，并学习如何真正利用它们来创造你的生命，生活和一个完全不同的实相。

您是觉知到你关于能量的能力是独一无二的？你是否知道，你与世界共鸣的方式是一个奇妙的，非凡的和绝对的礼物？你现在准备好迈入，并成为那一切了吗？

这个培训绝无仅有！Dain运用他的能量转变程序，综合能量的存在，来打开无限可能的空间，并通过在课堂上用能量作用于其他人，来邀请你发现你的能力。

随着Dain的推动，与团体一起，你会开始访问你真正可以获得的一切。如果我们，我们一起发出声音的振动，创造一个充满能量的可能性交响乐，来改变世界和这个星球会怎样？？

时间：3天半

前提条件：Bars，基础课，高阶课

成为你，改变世界—与DR. DAIN HEER 的开始

这个一晚的课程，向所有人开放，会让你体验到你生命中还有什么其他可能。这也是2.5天成为你，改变世界课程的开始。

ACCESS CONSCIOUSNESS® 7天活动

你是一个冒险家和更伟大可能的追寻者吗？你是否愿意考虑你以前从来没有问过的问题吗？而你是否准备好接收比你所能想象的更多的变化？如果是这样，7天的活动也许会适合你！

这些仅限被邀请人参加的，自由形式的课程，每年由Access Consciousness创始人Gary Douglas在全世界各个美丽的地方举办两次。想要被邀请，你必须亲自参加一次高阶课。

目前在世界任何地方都没有其他这样的课程或者活动。这是一个独特而且改变人生的体验。

前提条件：高阶课

时间：7天

想要更加了解Access Consciousness课程，请访问：www.accessconsciousness.com

其他ACCESS CONSCIOUSNESS®出版的图书

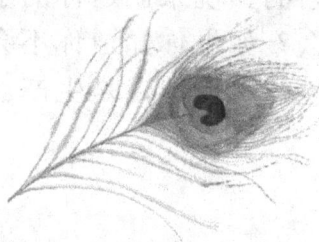

不分离的关系

Gary M. Douglas 著

我们大多数人花了很长时间，分离我们的各个部分和部件，来照顾别人。例如，你很喜欢慢跑，但你没有慢跑，而是与你的伴侣度过了那段时间，来向他或她显示你真的在乎。"我是如此爱你，我愿意放弃这个对我来说有价值的事物，让我能和你在一起。"这是你和自己分离的方式之一，来创造一段亲密关系。而长远来看，与自己分离多少次真的有用？

成为你，改变世界

Dr. Dain Heer 著

你是否一直都知道完全不同的事物是可能的？如果你有一本无限可能性和不断变化的手册来指导你会怎样？拥

有真的有效的工具和程序，并邀请你来到一个完全不同的存在方式？为了你？以及为了世界？

事业的喜悦

Simone Milasas著

如果你是从它的喜悦来创造你的事业—你会选择什么？你会改变什么？如果你知道你不会失败，你会选择什么？事业是喜悦，是创造，是生产。它可以是活着的冒险。

从可能性的边缘引领：

不再照旧的生意

Chutisa和Steven Bowman著

这本书针对那些致力于创造比他们现在的生活更伟大的生活的人和创造不同的人。在《从可能性的边缘引导》这本书中，作者Chutisa和Steven Bowman在几十年来，与几千个执行委员会和团队共事，从中得出对商业和生活的深刻洞察。

这本书的主题是不再照旧的生意。但也许更准确地说，这本书关于可能性，选择，问题，贡献，以及怎样才能从无限可能性的边缘引领你的生意和你的生活。

扫描获得更多信息

了解更多Access Consciousness的书籍，请访问www.accessconsciousnesspublishing.com

www.ingramcontent.com/pod-product-compliance
Lightning Source LLC
Chambersburg PA
CBHW010144270326
41928CB00018B/3246